Ulrich Rückert, geboren 1938, ist als Medizinjournalist und Verfasser populärwissenschaftlicher Artikel aus den Bereichen Medizin und Naturheilkunde ebenso bekannt wie als Autor medizinischer Ratgeber und praktischer Gesundheitsbücher. Er lebt in Hamburg, wo er zehn Jahre lang eine Naturheilpraxis betrieb, bevor er sich ausschließlich dem Schreiben zuwandte.

Von Ulrich Rückert sind außerdem erschienen:

Alles über Naturmedizin (Band 7749)
Heilpflanzen mit Steckbrief (Band 7855)
Die sanfte Medizin der Außenseiter (Band 7876)

Dieses Buch wurde auf
chlor- und säurefreiem Papier gedruckt.

Originalausgabe Juli 1992

Umschlaggestaltung Manfred Waller, Reinbek
Umschlagfoto G+J Fotoservice/Ulli Seer
[illegible]: DTP bei Bernd Walser
[illegible]ng: Elsnerdruck, Berlin
[illegible] 5 4 3 2 1

Ulrich Rückert

Chemie ist gut – Natur ist besser

Ein Ratgeber für alternative Heilmittel

Knaur

Inhaltsverzeichnis

Anhang

Das ABC der grünen Medizin

Vorwort

Kaltes Wasser gehört zu den stärksten Waffen der Naturmedizin. Wenn man darin herumwatet wie ein Storch im Salat, ziehen sich bei jedem Schritt die Blutgefäße zusammen; sie dehnen sich wieder aus, sobald man den Fuß aus dem Wasser heraushebt. Mit Medikamenten läßt sich ein solches »Gefäßtraining« nicht erzielen. Deshalb gibt es gegen Durchblutungsstörungen in den Beinen kein besseres Mittel als Wasser ...

Der Siegeszug der Naturmedizin, der Anfang der siebziger Jahre noch ganz zaghaft begann, ist nicht mehr aufzuhalten: Experten haben jetzt vor dem Deutschen Bundestag gefordert, endlich die notwendigen Maßnahmen zu ergreifen, um eine Gleichberechtigung mit der sogenannten Schulmedizin herbeizuführen.

Der wichtigste Unterschied zwischen den beiden Richtungen der Heilkunst ist die Auffassung der »Schulmedizin«, daß ein krankhaftes Organ nicht viel anders zu reparieren sei als das schadhafte Teilstück einer Maschine – es läßt sich entrosten, schmieren und sogar austauschen. Demgegenüber vertritt die Naturmedizin die Ansicht, daß ein Patient eher wieder auf die Beine kommt, wenn man den Menschen in seiner Ganzheit behandelt. Damit meint man, daß an der Entstehung einer gesundheitlichen Störung nicht nur handfeste physische Mängel, organische Schäden oder Infektionen, sondern durchaus auch seelische Probleme beteiligt sein können. Also muß dieser Aspekt berücksichtigt werden, um eine rasche Genesung herbeizuführen. Im Vordergrund der Naturmedizin steht aber vor allem die Kräftigung des körpereigenen Immunsystems, wodurch die Selbstheilungstendenzen des Organismus freigesetzt werden. Dies stellt natürlich andere Anforderungen an Arzneimittel und Heilverfahren, als sie von der Schulmedizin geschätzt und propagiert werden.

Naturheilmittel und -methoden sind teilweise umstritten, weil sich ihre Wirkung nicht in jedem Fall wissenschaftlich nachweisen läßt. Die tatsächlichen Heilerfolge einer Therapie mit sanfter homöopathischer Arznei oder einem Kräutertee sind jedoch nicht von der Hand zu weisen. So erfreuen sich denn die ungiftigen und nebenwirkungsfreien Naturheilmittel auch in breiten Schichten der Bevölkerung immer größerer Beliebtheit.

Nach einer Untersuchung des Allensbacher Instituts für Demoskopie ist der Anteil der Patienten, die regelmäßig Naturheilmittel einsetzen, in den letzten zwanzig Jahren um mehr als die Hälfte angestiegen! Ältere Menschen waren zwar auch früher schon eher geneigt, Naturheilmittel in die Selbstbehandlung einzubeziehen. Gerade sie leiden häufig an den verschiedenen Organerkrankungen, gegen die mehrere

Medikamente verschrieben werden, deren Wechselwirkungen oft gar nicht voraussehbar sind.
Interessanterweise sind es jetzt aber vor allem die jüngeren Bundesbürger, die den biologischen Präparaten immer deutlicher den Vorzug vor chemischen Medikamenten geben. Insbesondere ist es die Angst vor unerwünschten Nebenwirkungen, die immer mehr Patienten veranlaßt, von den chemischen Arzneimitteln Abstand zu nehmen. Bei der Einnahme eines Naturheilmittels rechnen nur zwei Prozent mit »erheblichen Nebenwirkungen« – bei chemischen Präparaten sind es sage und schreibe 42 Prozent!
Jeder zweite ist inzwischen der Meinung, daß sich die Ärzte mehr für Naturheilmittel einsetzen sollten. Dies ist ohne Zweifel schon bei den erfahreneren Ärzten üblich, wird aber auch immer häufiger von jungen Medizinern praktiziert. Allerdings hinkt ihre Ausbildung in Sachen Naturheilkunde an den bundesdeutschen Hochschulen weit hinterher: Lediglich in Köln, Mainz, Tübingen und München werden beispielsweise Vorlesungen über Pflanzenheilkunde angeboten.
Ein Lichtblick: An der medizinischen Fakultät der Freien Universität Berlin wurde kürzlich der erste Lehrstuhl für Naturheilkunde eingerichtet. Lehrstuhlinhaber Professor Malte Bühring: »Ich glaube, daß man sehr viele Krankheiten mit Naturheilverfahren und vernünftiger Lebensweise besser beeinflussen kann als mit der klassischen Pharmakotherapie.«
Bei der Selbstbehandlung von Befindensstörungen gewinnen entsprechend die unproblematischen Heilverfahren der Naturheilkunde immer mehr an Be-

deutung. In der Tat läßt sich, um nur einige Beispiele aufzuzählen, etwa die vielzitierte vegetative Dystonie – eine Fehlsteuerung der unbewußten Nerven – mit kühlen Duschen, wohldosierten Sonnenbädern und Trockenbürstenmassagen der Haut oft besser in den Griff kriegen als mit suchterzeugenden Glückspillen. Auch eine schmerzhafte Gelenkentzündung spricht häufig günstiger auf eine Abreibung mit Eisstückchen als auf eine starke Kortisonspritze an. Und gewiß ist die Selbsttherapie einer banalen Erkältung mit Kopfdampfbädern und Schwitzpackungen sinnvoller, als den Versuch zu machen, die Krankheitserreger mit keimtötenden Antibiotika und Sulfonamiden niederzuknüppeln.
Der berühmte griechische Arzt Hippokrates – er praktizierte vor etwa 2500 Jahren mit großem Erfolg auf der Ägäis-Insel Kos – hat seinen Schülern sinngemäß gelehrt:
»In jedem Menschen wohnt ein innerer Arzt, der im Krankheitsfall auch in der Lage ist, den Patienten wieder gesund zu machen. Manchmal allerdings schläft dieser innere Heiler – und dann muß man ihn erst wachrütteln, damit er seinen Aufgaben wieder gerecht wird.«
Heute kennt selbst der medizinische Laie den Begriff »Immunsystem«. Dabei handelt es sich um ein äußerst kompliziertes Netz von körpereigenen Abwehrmechanismen, in welchem im Regelfall krankmachende Keime wie Bakterien und Viren bereits abgefangen und vernichtet werden, bevor sie in den Körper eindringen können. Für Hippokrates waren diese, in jedem Menschen schlummernden, gesund-

erhaltenden Kräfte gleichbedeutend mit dem »inneren Arzt«. Durch Ernährungssünden, Bewegungsmangel, Dauerstreß und schädigende Umwelteinflüsse, aber auch durch viele chemische Medikamente, können die Abwehrkräfte stark geschwächt, manchmal sogar völlig brach gelegt werden – der innere Arzt liegt im Tiefschlaf, Krankheitserreger haben leichtes Spiel.

Vielfach, wenn auch nicht immer, hat man es selbst in der Hand, die schlummernden Selbstheilungstendenzen wieder freizusetzen. Vor allem eignen sich physikalische Maßnahmen dazu, wie sie von den großen Wasserheilern empfohlen wurden: gezielte thermische Reize wie kalte Güsse, Wickel, Waschungen oder warme Bäder regen die Bildung der wehrhaften weißen Spezialzellen im Blut an, stabilisieren die Barrieren und Sperren der Verteidigung. Hilfreich ist überdies eine weitgehend naturbelassene Ernährung, denn Vitamine, Mineralstoffe und Enzyme sind unerläßlich für die Mobilisierung der Körperabwehr. Weitere Grundlagen einer naturgemäßen Lebensweise und Behandlung sind die Phytotherapie, so nennt man die Behandlung mit heilkräftigen Pflanzen, und die Psychotherapie – in der Praxis der Selbsthilfe bedeutet das Entspannungsübungen wie autogenes Training, Yoga, isometrische Übungen und Gespräche mit Partnern und Freunden, um seelisches Gleichgewicht und innere Ruhe wiederzuerlangen.

Die Grenzen der Selbstbehandlung und der Eigenmedikation sind klar abgesteckt und lassen sich für jedermann leicht erkennen. Immer dann, wenn man sich unwohl fühlt und durch selbstverordnete Maßnahmen in zwei bis drei Tagen keine Besserung erfährt, ist der Arzt zuständig. Das gilt ganz ohne Frage auch für jeden medizinischen Notfall: Erbrechen ohne ersichtlichen Grund, Fieber über 39 Grad, plötzliche Durchfälle, starke Schmerzzustände, für die man keine Erklärung hat. Mit anderen Krankheiten wie der insulinpflichtigen Zuckerkrankheit (Diabetes) oder der Bluterkrankheit (Hämophilie) kann man nur überleben, wenn dem Organismus regelmäßig künstlich jene Substanzen zugeführt werden, die ihm aufgrund von Organschäden oder Vererbung fehlen – nur mit ärztlicher Hilfe kann hier ein Optimum von bedingter Gesundheit erreicht werden.

Und natürlich trifft dies auch für bisher unheilbare Krankheiten zu, wie in vielen Fällen den Krebs oder die tödliche Immunschwäche Aids – die Erkrankten dürfen nicht ohne medizinischen Beistand bleiben. Auch wenn der Arzt nicht zu heilen vermag, können operative Eingriffe und umsichtige Chemotherapie die Lebensqualität des Patienten oft noch für viele Jahre verbessern und das Leiden erträglicher machen.

Aber auch darüber sollte man einmal nachdenken: rund neunzig Prozent aller Befindlichkeitsstörungen bessern sich »ganz von selbst« wieder. Dank der erstaunlichen Kunstfertigkeit des inneren Arztes ...

Antihistaminika

Heuschnupfen: Linderung durch Homöopathie und Ernährung

Millionen schniefen und niesen, wenn alljährlich im Frühjahr der Pollenflug beginnt. Sie klagen über tränende Augen, Abgeschlagenheit und Gliederschmerzen: der Heuschnupfen grassiert. Dabei handelt es sich nicht nur, wie der Name sagt, um eine Überempfindlichkeit gegen Heu: Heuschnupfenpatienten reagieren mit den typischen Symptomen auf alles, was blüht – auf Pollen von Bäumen und Sträuchern, Blumen und Gräsern oder sämtliche Arten von Getreide. Der medizinische Ausdruck »Pollinosis« trifft das Beschwerdebild also genauer. Die anlagebedingte Überempfindlichkeit ist zwar nicht zu heilen, aber es läßt sich doch einiges tun, um halbwegs ungeschoren über die periodischen Runden der Blütezeiten zu kommen.

Von ärztlicher Seite wird die sogenannte Hyposensibilisierung (früher sagte man »Desensibilisierung«) besonders geschätzt. Für den Patienten ist die Methode allerdings eine rechte Plackerei. Vielfach zieht sich die Therapie – bei der die allergieauslösenden Substanzen unter die Haut gespritzt werden – über mehr als drei Jahre hin. Der Organismus soll auf diese Weise allmählich gegen den krankmachenden Blütenstaub unempfindlich gemacht werden. Kaum ein Patient weiß, daß es durch die Behandlung selbst, wenn auch recht selten, zu schweren Nebenwirkungen kommen kann (aus diesem Grund muß der Patient nach den Injektionen noch bis zu dreißig Minuten in der Praxis bleiben). Überdies: Eine Hyposensibilisierung kommt jeweils nur gegen vier verschiedene Pollen in Frage – vielfach reagieren die Heuschnüpfler aber auf ein gutes Dutzend Blüten.

Ausgelöst werden die gesundheitlichen Störungen durch das Gewebshormon Histamin, das vor allem von den sogenannten Mastzellen freigesetzt wird, sobald sie mit Pollen in Berührung kommen. Zu den gebräuchlichsten Medikamenten gegen Heuschnupfen gehören deshalb die »Antihistaminika«, Mittel, die das Histamin in der Zelle blockieren. Diese Tabletten, Sprays, Augentropfen und Inhalationen haben allerdings einen großen Nachteil: Sie setzen die Reaktionsfähigkeit herab und machen schläfrig. Für Leute, die »auf Draht« sein müssen, vor allem aber für Autofahrer, sind sie deshalb kaum geeignet.
Homöopathen halten nicht zuletzt deshalb große Stücke auf ihre speziellen Medikamente, weil sie völlig frei von unerwünschten Nebenwirkungen sind – und trotzdem in vielen Fällen Linderung verschaffen. Bewährt hat sich beispielsweise eine Mischung aus gleichen Teilen Luffa, Galphimia und Cardiospermum. Luffa, ein kolumbianisches Kürbisgewächs, ist seit langem in der Volksmedizin als Schnupfenmittel bekannt; bei Galphimia handelt es sich um eine alte mexikanische Heilpflanze, die seit alters her gegen Überempfindlichkeitsreaktionen eingesetzt wird.

Und Cardiospermum, eine tropische Pflanze, die unter dem deutschen Namen »Herzsame« bekannt ist, zeigt eine ausgesprochen antiallergische und entzündungshemmende Wirkung.
Zu den schwersten Geschützen gegen Heuschnupfen gehört das Kortison; es mindert zwar die Entzündungsbereitschaft des Körpers, setzt aber auch die eigene Körperabwehr außer Gefecht. Dies aber ist aus der Sicht der Naturheilkunde ganz unverzeihlich. Gerade die Abwehrsteigerung gehört zu den vordringlichsten Maßnahmen einer naturheilkundlich ausgerichteten Therapie. Sie hat zum Ziel, den Organismus unempfindlicher zu machen, die defekte Immunität zu kräftigen, und vielleicht sogar wiederherzustellen. Patienten haben die Dinge weitgehend selbst in der Hand: Regelmäßige Trockenbürstenmassagen der Haut, Temperaturreize durch Kneipp'sche Wasseranwendungen, Bewegung in frischer Luft (zur Blütezeit der allergieauslösenden Pflanzen müssen die von Heuschnupfen Geplagten damit allerdings vorsichtig sein!), vor allem eine naturbelassene Ernährung mit reichlich Vitaminen und Mineralstoffen sind unerläßlich. Denaturierte Nahrungsmittel wie Weißmehlprodukte, Konserven, Zusatzstoffe und Zucker sollten weitgehend gemieden werden.
Eigenblutbehandlungen, in der Naturheilpraxis gegen Heuschnupfen empfohlen, gehören zu den sogenannten Reiztherapien – das körpereigene Abwehrsystem erhält einen Impuls und wird dadurch angeregt. Zunächst wird dem Patienten Blut aus der Armvene entnommen – man beginnt mit 0,1 Milliliter und

steigert die Dosis bis auf höchstens fünf Milliliter. Das entnommene »eigene« Blut wird in den Gesäßmuskel oder unter die Haut in den Körper des Patienten zurückgespritzt. Der Organismus reagiert mit einer gesteigerten Abwehrreaktion, weil er das eigene Blut außerhalb der Blutgefäße als Fremdkörper behandelt. Interessant ist die Tatsache, daß viele Patienten nach einer Eigenbluttherapie wesentlich sensibler auf Medikamente reagieren – und das führt in vielen Fällen zu Einsparung von Arzneimitteln.

Auch folgende Tips helfen, mit den lästigen Begleiterscheinungen des Heuschnupfens besser fertigzuwerden:

- Beim Autofahren Wagenfenster schließen.
- Für die Fahrt ins Grüne läßt sich neuerdings die Autolüftung mit Pollenfiltern ausrüsten.
- Den Pollenwarndienst unter der Telefonnummer (0) 116 01 (bundesweit) abhören.
- Anstrengende Arbeiten im Freien oder Rasenmähen vermeiden – man atmet dann mehr Pollen ein.
- Schlafzimmerfenster in den frühen Morgenstunden schließen, dann fliegen die meisten Blütenstäube.
- Abends Haare waschen, da sich Pollen darin verfangen.

Theophyllin, Adrenalin, Kortison

Bewährte Hilfen für Asthma-Patienten

Wer einen Asthmatiker in der Familie hat, kennt die beängstigenden Atemnotanfälle, die solchen Patienten immer wieder zu schaffen machen: Die Asthma-Attacke schnürt dem Patienten die Luft ab, sein Gesicht läuft blau an, er droht zu ersticken. Viele Asthmatiker können sich mit einem Arzneispray selbst helfen, andere sind auf die Hilfe des Notarztes angewiesen – in der Regel spritzt er ein Kortisonpräparat, das den Asthmaanfall sofort kupiert.

Dank moderner Arzneimittel können die meisten Asthmatiker heute ein nahezu normales Leben führen. Zu den gebräuchlichsten Asthmamitteln gehören Präparate mit dem Wirkstoff Theophyllin – sie helfen zuverlässig, können aber Magen-Darmbeschwerden, Herzklopfen, Unruhezustände, Schlafstörungen, Übelkeit und Kopfschmerzen hervorrufen. Adrenalinhaltige Tabletten und Sprays lösen vor allem die Verkrampfungen der Atemmuskulatur, können aber sogar das Herz schädigen. Auch die entzündungshemmenden Kortisonabkömmlinge, selbst wenn sie die akuten Beschwerden nehmen, können nicht heilen: Auf die Dauer schwächen sie die körpereigenen Abwehrkräfte und führen zu Fettsucht und Blutveränderungen. Zu den harmlosesten Substanzen gegen Asthma gehört die sogenannte Cromoglicinsäure, die allerdings während eines Asthmaanfalls keine Linderung bringt, sondern nur vorbeugend eingenommen von Nutzen ist.

Jede Form des allergisch bedingten Leidens sollte wegen seiner Gefährlichkeit ärztlich therapiert werden. Aber Asthma-Patienten müssen unbedingt auch die natürlichen Behandlungsmethoden kennen – denn diese können fast immer dazu beitragen, die starken Arzneimittel einzusparen, nicht selten sogar die Medikamentation ersetzen.

Da asthmatische Beschwerden häufig seelisch mitbedingt sind, sollte jeder Patient zum Beispiel eine Entspannungsmethode wie das autogene Training erlernen. Regelmäßige Atemübungen helfen überdies, daß die empfindlichen Lungenbläschen durch die dauernd wiederkehrende Überanstrengung keinen Schaden nehmen.

Hilfreich kann das Trinken von krampflösendem Heilpflanzen-Tee sein. Eine bewährte Mischung besteht aus gleichen Teilen Thymian, Sonnentaukraut, Anis und dem sogenannten Mannstreu-Kraut. Jeder Apotheker kann die Kräuter besorgen und mischen. Pro Tasse nimmt man einen guten Teelöffel davon, überbrüht die getrocknete Droge mit kochendem Wasser, läßt den Aufguß zwanzig Minuten lang ziehen und süßt ihn mit einem Teelöffel Honig. Vom Tee wird drei- bis viermal täglich eine Tasse heiß und in kleinen Schlucken getrunken.

Großzügig sollten Asthmatiker mit Speisezwiebeln umgehen – eine kleingehackte Küchenzwiebel gehört auf jeden Abendbrottisch. Erst kürzlich wurde nachgewiesen, daß die Inhaltsstoffe der Zwiebel im Organismus sowohl die allergieauslösenden Substanzen hemmen als auch die überschießende Reaktion des Körpers darauf bremsen können. Wer rohe Zwiebeln nicht essen mag, kann mit dem gleichen Effekt auch zwei- bis dreimal täglich einen Eßlöffel Zwiebelsaft einnehmen.

Bei leichtem Asthma kann man sich häufig mit rezeptfreien biochemischen Medikamenten helfen. Bei akuten Beschwerden läßt man alle fünf Minuten eine Magnesium-phosphoricum-Tablette auf der Zunge zergehen. In der beschwerdefreien Zeit nimmt man dreimal täglich vor den Mahlzeiten je eine Kalium-chloratum-Tablette und nach den Mahlzeiten je eine Natriums-ulfuricum-Tablette ein.

Bei Atembeschwerden können sich viele Patienten durchaus auch mit der chinesischen Druckpunktmassage helfen – jeder Patient muß für sich selbst herausfinden, ob ihm diese Methode Linderung bringt. Bei Luftknappheit drückt man zehn- bis 15mal hintereinander mit der Kuppe des Zeigefingers den Akupunkturpunkt »Lie-Tsiue« – er liegt am Handgelenk unmittelbar unter dem Daumen. Zunächst stimuliert man diesen Punkt an der linken, dann an der rechten Hand. Das chinesische Wort »Lie-Tsiue« bedeutet soviel wie »Engpaß« – gemeint ist die Verkrampfung der Bronchien, die zum Asthmaanfall führt.

Studien haben jetzt gezeigt, daß weit mehr als die Hälfte der Asthmatiker auch auf Hausstaubmilben allergisch reagiert. Hundert bis fünfhundert Milben

auf ein Gramm Staub gelten als Risikofaktor für Asthma. Milben breiten sich vor allem dort aus, wo es warm und feucht ist. Am liebsten leben sie in Betten, Polstermöbeln und Teppichen. Milben ernähren sich von Hautschuppen oder Pilzen, die auf diesen Hautschuppen gedeihen. Viren und Bakterien können ihnen nichts anhaben. Um Milben zu bekämpfen, sollte man die Bettwäsche stets kochen, alte Betten und Kissen auswechseln, Teppiche aus Schlafräumen entfernen und Ursachen für hohe Luftfeuchtigkeit beseitigen.
An einem geht kein Weg vorbei: Asthmatiker müssen die Finger von Zigaretten, Zigarren und Tabakspfeife lassen. Und Familienangehörige sollten mit Rücksicht auf den Patienten in seinem Beisein auch nicht rauchen, denn schon ein verqualmter Raum kann einen Asthmaanfall auslösen. Wie schädlich die Tabakgifte sind, zeigt die Tatsache, daß Kinder unter zehn Jahren aus Raucherfamilien wesentlich häufiger an Asthma erkranken als solche aus Nichtraucherfamilien. Die Ursache liegt in einer direkten Schädigung der Lungenschleimhaut beim Passivrauchen, wodurch dann die asthmaauslösenden Stoffe leichter eindringen können. Rund 60 Prozent aller Asthma-Erkrankungen beginnen bereits im Kindesalter!

PUVA-Therapie

Frühmorgens wirkt eine kalte Dusche fast wie Kortison

Die sogenannte Schuppenflechte, medizinisch: Psoriasis, gehört zu den häufigsten Hautleiden. Mindestens zwei Millionen Bundesbürger haben mit diesen schuppenbedeckten roten Flecken zu tun, die sich vorwiegend an Ellenbogen und Knien zeigen, aber auch am ganzen Körper auftreten können. Normalerweise erneuert sich unsere Haut – ohne daß wir etwas davon merken – alle 28 Tage. Beim Psoriatiker ist dieser Prozeß auf vier bis fünf Tage verkürzt. Dadurch wuchern regelrecht ständig neue, weiße Schuppen, so oft man sie auch abkratzt oder von der Haut wäscht.

Mit den natürlichen und künstlichen Nebennierenrindenhormonen, der Arzt nonnt sie Glucocorticoide, lassen sich die unschönen und oft juckenden Hauterscheinungen innerhalb kurzer Zeit wegzaubern. Aber der Katalog der möglichen Nebenwirkungen ist so lang, daß diese Substanzen wirklich nur in unerträglichen Fällen eingenommen oder als Salbe aufgetragen werden sollten.
Besonders weit verbreitet ist die Therapie mit der PUVA-Methode – das Kürzel steht für Psoralen-Ultra-Violett-A. Diese Kombinationsbehandlung besteht aus der Einnah-

me des Medikamentes Psoralen und der anschließenden Bestrahlung mit dem A-welligen Anteil des UV-Lichtes. Allerdings birgt auch diese Therapie Risiken in sich. Vor allem in der Langzeitbehandlung kommt es nicht selten zu degenerativen Hautveränderungen, von denen bleibende Pigmentflecke die harmlosesten sind.
Um schwer leidenden Patienten zu helfen, werden manchmal sogar hochgiftige Substanzen wie das sogenannte Methotrexat verordnet – doch diese Arzneimittel dürfen wirklich nur unter ständiger ärztlicher Kontrolle eingenommen werden.

Da die Schuppenflechte ein erbliches Stoffwechselleiden ist, kann es keine Heilung geben. Es ist einigermaßen tröstlich, daß die Entartung der Haut schubweise verläuft – und auf dieser Erkenntnis baut auch die naturheilkundliche Behandlung auf. So weiß man beispielsweise, daß die Schuppen besonders dann auftreten, wenn der Patient in seelische Streßzustände gerät. Innere Ausgeglichenheit und ein vernünftiges Maß an Entspannung müssen deshalb die Lebensweise prägen.
Auch die Heilkraft des Wassers kann man sich zunutze machen: Zunächst einmal ist jede Art von Bädern erlaubt, wenn man die betroffenen Hautstellen anschließend mit einer Fettsalbe gut eincremt. Ein besonderer Trick: Morgens zwischen sechs und acht Uhr mit kühlem Wasser duschen! Auf diesen Schock schüttet die Nebennierenrinde das entzündungshemmende Kortisol ins Blut – und zwar fast soviel, wie in einer Kortisontablette enthalten ist.
Die Sonne wurde bereits im Altertum als natürliches

Heilmittel gegen die Flechte empfohlen. Wohldosierte Sonnenbäder (= Heliotherapie) bessern nahezu alle überschießenden Entzündungsprozesse der Haut, lindern den Juckreiz, beruhigen den Blutkreislauf der Haut und ihren Stoffwechsel und beeinflussen günstig bestehende krankhafte Hautveränderungen. Vor zuviel Sonne müssen sich Psoriatiker allerdings hüten – die starke Hautreizung kann durchaus einen neuen Schub in Gang setzen.
An natürlicher, ungiftiger und nebenwirkungsfreier Arznei zur Selbsttherapie hat sich folgendes bewährt:
• Ein Extrakt aus dem südamerikanischen Liliengewächs Sarsaparilla.
• Homöopathische Tropfen aus dem Wassernabel, einer subtropischen Heilpflanze, – »Hydrocytele D 2".
Obwohl es keine ausgesprochene Psoriasis-Diät gibt, sollten Patienten alles meiden, was sie »in Hitze« bringt. Scharfe Gewürze wie Pfeffer, Paprikapulver, Senf, Tabasco, Curry und die meisten Fertigwürze, auch Rot- oder Weißwein, Fertiggerichte und Dosenwürstchen, eingelegte Gewürzgurken und fertige Zitrussäfte werden schlecht vertragen. Dagegen verschlechtern Gewürzkräuter wie Petersilie, Schnittlauch, Rosmarin, Thymian, Dill, auch Apfel- und Beerenweine, Obstschnäpse, Butter und Sonnenblumenmargarine, Frischfleisch, Fisch, Milchprodukte und Fruchtfleisch oder handgepreßter Saft von Zitrusfrüchten erfahrungsgemäß die Schuppenflechte nicht.
Sonne, Bäder in der See und Schlickanwendungen, vor allem in der wärmeren Jahreszweit von Mai bis August, können die Schuppenflechte für Monate zum

Verschwinden bringen. Die heilende Wirkung des Meeresküstenklimas in Kombination mit Seebädern heißt in der Fachsprache Thalassotherapie (thalassa = Meer). Die Seebäder lösen die verhornte und sich stark schuppende Hautschicht, die Einwirkung der Sonnenstrahlung führt allmählich zur Rückbildung der krankhaften Hauterscheinungen. Die Broschüre »Deutsche Heilbäder und Kurorte« enthält eine Auflistung aller Nordseebäder mit ihren Anwendungsgebieten; sie kann angefordert werden bei: Deutscher Bäderverband, Postfach 190 147, 5300 Bonn 1.

Rheumamittel

Chirotherapie und Wärmeanwendungen sind bewährte Medizin

Rheuma hat viele Gesichter. Unter dem Sammelbegriff versteht man Knochen- und Gelenkerkrankungen, aber auch Muskelschmerzen und Rückenbeschwerden. Ein besonders großes Gebiet des »rheumatischen Formenkreises« nehmen die Bandscheibenleiden ein. Sie führen am häufigsten zu Kreuzschmerzen, die mitunter ein Leben lang plagen. Auch Hexenschuß und Ischias sind auf Bandscheibenschäden zurückzuführen. Und so passiert's: Die elastischen Bandscheiben puffern die 24 beweglichen ringförmigen Knochen der Wirbelsäule gegeneinander ab. Alter und Überbeanspruchung machen die Bandscheiben spröde, sie quellen regelrecht aus ihrer ursprünglichen Lage hervor und können dann auf benachbarte Nerven drücken. Allein dadurch entstehen die gefürchteten Schmerzen.

Manchmal, bei akuten Prozessen, sind die Beschwerden so stark, daß man auf ein Schmerzmittel kaum verzichten kann – Zähnezusammenbeißen hilft dann einfach nicht mehr. Nicht selten verordnet der Arzt Bettruhe und spritzt ein entspannendes Medikament. Gegen diese kurzfristige und vorübergehende Therapie mit chemischer Arznei ist auch gar nichts einzuwenden. Kritisch wird dagegen die Langzeitbehandlung mit solchen Schmerzbremsen, vor allem aber mit den sogenannten Antirheumatika. Diese sind wegen ihrer zum Teil verheerenden Nebenwirkungen ins Gerede gekommen, es gab sogar tödliche Zwischenfälle, viele Präparate wurden in den letzten Jahren vom Markt genommen. Die Pharmaindustrie hatte versucht, mit immer höher dosierten Tabletten den Millionen Rheumatikern ihre Schmerzen zu nehmen – doch Untersuchungen ergaben später, daß dadurch vor allem die Gefahr der Nebenwirkungen erhöht wurde – absolute Schmerzfreiheit ließ sich dagegen fast nie erzielen.

Eine Studie in Wildbad (Baden-Württemberg) hat jedoch gezeigt, daß sich durch natürliche Heilmaßnahmen sogar die problematischen Bandscheibenoperationen oft vermeiden lassen. Durch »offene Badekuren« mit krankengymnastischen Übungen und chirotherapeutischer Betreuung ließ sich bei 97 Prozent (!) der Patienten Beschwerdefreiheit erzielen.
Ein Kuraufenthalt kommt natürlich nicht für jeden in Frage. Doch mit einer großen Palette von sanften Anwendungen der grünen Medizin kann man sich sehr oft auch selbst Linderung verschaffen. Besonders hilfreich sind die verschiedensten Temperaturreize – Kälte blockiert die Schmerzrezeptoren an den Nerven, Wärme sorgt für eine bessere Durchblutung, beruhigt und entspannt. Bei plötzlich auftretendem Ischias hat sich beispielsweise die Auflage eines im Kühlfach gefrorenen Handtuchs bewährt; bei chronischen Rückenbeschwerden sind dagegen warme

Packungen wie Fango oder Heusack, aber auch schon die Auflage eines Heizkissens nützlich.
Rezeptfreie Einreibemittel auf der Basis von Kampfer, Menthol oder Bienengift sorgen ebenfalls für ein wohltuendes Wärmegefühl. Im Fall von – seltener – allergischer Reaktion auf diese oder jene Salbe läßt sich auf ein anderes Präparat ausweichen.
Bei Nacken-, Kreuz- und Rückenschmerzen ist Rükkenkraulen die ideale Sportart, denn es kommt – durch Auftrieb des Wassers – zu einer Entlastung der gesamten Wirbelsäule und zu einer Stabilisierung des Rumpfes. Bandscheibenpatienten sollten allerdings in einem warmen Therapiebecken schwimmen, denn kaltes Wasser führt zu Verkrampfungen der Rückenmuskeln. Wassertemperaturen von 32 Grad bis 38 Grad Celsius wirken dagegen entspannend auf die Muskulatur.
Fachleute schätzen, daß jeder dritte Bundesbürger Ärger mit den Bandscheiben hat. Häufig klagen schon Kinder und Jugendliche darüber. Kein Wunder: Untersuchungen haben erbracht, daß mindestens 30 Prozent aller Schulanfänger bereits einen Haltungsschaden haben. Was die Bandscheiben aushalten müssen, zeigt eine schweizerische Studie: Schon ein Sprung aus 50 Zentimeter Höhe auf harten Boden hat eine Belastung von der Kraft des sechsbis achtfachen Körpergewichtes zur Folge. Bei einem Sturz auf das Gesäß drücken in Bruchteilen von Sekunden sogar 500 bis 750 Kilogramm auf die Kreuzgegend. Das entspricht der Beanspruchung eines Piloten im Schleudersitz!
Wie schon längst in den USA, gibt es jetzt auch in

der Bundesrepublik sogenannte Rückenschulen. Hier lernen Patienten neben rückenschonendem Verhalten auch Bewegungsübungen und rückenfreundliche Sportarten kennen. Professor Jürgen Krämer, Leiter der ersten deutschen Rückenschule an der Bochumer Universitätsklinik, empfiehlt in seinem »Rückenschulbuch« zehn nützliche Regeln:

1. Du sollst dich bewegen!
2. Halte den Rücken gerade.
3. Beim Bücken in die Hocke gehen.
4. Nicht schwer heben.
5. Lasten verteilen.
6. Halte beim Sitzen die Knie höher als die Hüfte!
7. Stehe nicht mit durchgedrückten Beinen.
8. m Liegen Beine anziehen!
9. port treiben – am besten Schwimmen, Laufen, Radeln.
10. Trainiere täglich deine Wirbelsäulenmuskel.

Antihypertonika

Kalte Güsse und Entspannung ersetzen oft die Pillen

Der Bluthochdruck gehört nicht nur zu den häufigsten Erkrankungen, sondern er ist aus ärztlicher Sicht auch besonders schwierig zu behandeln.

Denn obwohl es mehr als hundert wirksame chemische Präparate gibt, beginnen für die meisten Hochdruckpatienten die Beschwerden erst mit der medikamentösen Therapie. Die Tabletten, die das Leben verlängern sollen, machen müde, schwindelig, führen zu Kopfschmerzen und stören durch Nachlassen der Potenz und des Lustgefühls empfindlich das Liebesleben.
Blutdrucksenkende Medikamente haben ganz unterschiedliche Wirkungsmechanismen:

- Die sogenannten Diuretika erhöhen die Wasserausscheidung, schwemmen den drucksteigernden Mineralstoff Natrium aus dem Körper und verhindern seine Aufnahme in den Kreislauf;
- Vasodilatoren und Kalziumantagonisten erweitern die Blutgefäße und führen so zu ihrer Druckentlastung;
- Betablocker machen die Nervenrezeptoren gegen blutdrucksteigernde Hormone (Adrenalin und Noradrenalin) unempfindlicher.
- Eine neue Wirkstoffgruppe, die ein wichtiges Enzym für

die Hochdruckentstehung zurückdrängt, sind die sogenannten ACE-Hemmer.

Bluthochdruck ist eine Krankheit, die lebenslang behandelt werden muß, da es sonst zu gefährlichen Herz-Kreislauf-Erkrankungen kommen kann. Andererseits läßt sich kaum ein anderes Leiden derart günstig mit den sanften Mitteln der Naturheilkunde beeinflussen, so daß sehr oft auf die chemische Arznei ganz verzichtet werden kann. Stets trägt eine natürliche Lebensweise aber dazu bei, den Hochdruck zu mildern – und auf jeden Fall hilft sie, Medikamente einzusparen.
Eine der tragenden Säulen der naturheilkundlich ausgerichteten Hochdrucktherapie ist Ausgeglichenheit durch inneren Frieden, sprich: das Meiden von belastendem Streß gleich welcher Natur. Entspannungsmethoden und klärende Gespräche helfen, um sich davon zu lösen. Auch die kleinen Kaltwasserreize, etwa Teilgüsse und Waschungen nach Kneipp, stabilisieren den Blutdruck. Eine zweifelhafte diätetische Maßnahme ist der weitgehende Verzicht auf Salz – sie hilft längst nicht jedem; die Erfahrungstherapie hat jedoch gezeigt, daß aufputschende Nahrungsreize jeder Art, also stark gewürzte oder gesalzene Speisen, vor allem aber Genußgifte wie Alkohol und Nikotin, den Blutdruck ansteigen lassen.
Mit Weißdorn-Tee, je eine Tasse morgens nüchtern und abends vor dem Schlafengehen, oder dem homöopathischen Mittel »Apocynum-Tropfen D 2« (insbesondere bei Wasseransammlungen im Gewebe) lassen sich die Allgemeinmaßnahmen sinnvoll unterstützen.

Noch vor wenigen Jahren hat man Leuten mit Bluthochdruck grundsätzlich von sportlicher Betätigung abgeraten – denn jegliche Anstrengung treibt den Blutdruck ja noch mehr in die Höhe! Doch heute gehört ein individuelles Bewegungsprogramm zu den besten flankierenden Behandlungsmaßnahmen der Hypertonie (so der medizinische Ausdruck für Bluthochdruck).

In der Regel sind die Ausdauersportarten wie Radfahren und Laufen für Hypertoniker am besten geeignet. Dabei sollte das Trainingsprogramm zwei- bis dreimal wöchentlich für mindestens eine halbe Stunde absolviert werden.

Vor allem gilt die Regel: Überlastung schadet – Untätigkeit schwächt – Übung kräftigt. Wettkampfsportarten sind in jedem Fall abzulehnen. Sporttauchen ist für Hochdruckkranke sogar gefährlich. Der Wasserdruck belastet das Gefäßsystem und kann den Blutdruck weiter in die Höhe treiben, so daß es zu ernsthaften Zwischenfällen unter Wasser kommen kann.

Dagegen dürfen Hypertoniker nach Herzenslust schwimmen, auch radfahren und joggen.

Hat man den vielzitierten Streß vor einigen Jahren noch verteufelt, so wissen wir heute, daß er eine lebensnotwendige Sache ist. Gewiß gibt es auch krankmachenden Streß, der aus falschem Ehrgeiz und übertriebenem Leistungsdrang entsteht. Dieser sogenannte Di-Streß ist Gift für den Bluthochdruckkranken. Baut man solche Streßfaktoren ab, sinkt der Blutdruck. Das gilt auch für ungestörten Schlummer. Deshalb ist es wichtig, nachts gut und ausreichend

zu schlafen. Auch ein Mittagsschläfchen – nicht länger als 20 Minuten – senkt den Blutdruck.
Wissenschaftliche Studien in den USA und in Finnland haben gezeigt, daß hoher Blutdruck bei alten Menschen lebensverlängernd wirkt. Männer im Alter über 75 Jahren und Frauen über 85 Jahre mit einem höheren Blutduck lebten nach diesen erstaunlichen medizinischen Statistiken länger als eine Gruppe von Vergleichspersonen mit einem normalen Blutdruck. Es ist jedoch in jedem Fall richtig, sich vertrauensvoll mit seinem Arzt darüber zu unterhalten, ob eine medikamentöse Behandlung notwendig ist oder nicht. Da es sehr viele verschiedene Formen von Bluthochdruck gibt, die man als medizinischer Laie kaum beurteilen kann, sollte dem Fachmann in Sachen Gesundheit darüber die Entscheidung bleiben, welchen Weg es zur Blutdrucknormalisierung einzuschlagen gilt.

Nitroglycerin

Ansteigende Armbäder lindern den Herzkrampf

Patienten, die häufiger unter Herzanfällen leiden, haben fast immer ein Notfallmittel in der Tasche, das den beängstigenden Herzkrampf in wenigen Minuten löst.

Hauptsächlich handelt es sich um Nitroglyzerin-Präparate. Es gibt beispielsweise kleine Kapseln, die man bei Bedarf zerbeißt, der Wirkstoff dringt dann sofort über die Mundschleimhaut in der Kreislauf ein. Das ist auch bei Nitro-Sprays der Fall. Relativ neu sind die sogenannten transdermalen Systeme: mit Nitroglyzerin getränkte Pflaster, die einfach auf die Haut geklebt werden und die Wirksubstanz kontinuierlich über die Hautporen abgeben. Nitrate erweitern die Venen, dadurch fließt weniger Blut zum Herzen, das auf diese Weise entlastet wird. Nachteil dieser Medikamente: Empfindliche Patienten bekommen Kopfschmerzen davon, auch der Blutdruck kann plötzlich in den Keller sacken. Dann treten Benommenheit und Kreislaufschwäche auf. Arzneipflaster können überdies allergische Reaktionen auf der Haut hervorrufen.

Dennoch – wer einmal einen Herzanfall hatte, ist dankbar, daß es diese zuverlässigen Mittel gibt und nimmt die unerwünschten Nebenwirkungen gerne in Kauf. Und er weiß auch, daß er sofort einen Arzt rufen muß, wenn ihm das Notfall-Medikament nicht hilft oder wenn die Herzschmerzen stärker sind und länger andauern als sonst. In solchen Fällen besteht nämlich die Gefahr eines Herzinfarktes, der sofort in der Klink behandelt werden muß.

Die Anzahl und Schwere der anfallsweisen Herzkrämpfe – der Arzt bezeichnet sie als Angina – pectoris-Anfälle – läßt sich jedoch durch natürliche Heilmaßnahmen fast immer verringern und abmildern. Zwischen den Anfällen gibt es eine bewährte Kneipp-Methode, um die lädierten Herzkranzgefäße zu trainieren. Gemeint sind ansteigende Armbäder.

Dazu füllt man ein Handwaschbecken mit Wasser von einer Temperatur zwischen 32 und 35 Grad. Dann legt man die Unterarme bis zum Ellenbogen hinein und läßt langsam heißes Wasser zulaufen. Man muß nur darauf achten, daß das heiße Wasser nicht über die Arme läuft. Die Wassertemperatur im Waschbecken soll bis auf 40 Grad ansteigen. Dauer der Behandlung: eine Viertelstunde.

Im akuten Anfall ist ein 15minütiges heißes Fußbad mit nachfolgender kühler Abwaschung hilfreich. Auch heiße Armumschläge haben sich bewährt. Heiße trockene und feuchte Auflagen auf die Herzgegend lindern meist sofort die Schmerzen, weil sich die verkrampften Gefäße durch die Wärme ausdehnen.

Bewährt hat sich beispielsweise, besonders für nervöse Leute, ein »Melissensäckchen«. Man näht dazu zwei Taschentücher aus Leinen zusammen und füllt Melissenblätter hinein, etwa 50 bis 100 Gramm (das

Kissen darf nicht zu prall werden). Dann legt man das Säckchen in einen Topf und gießt kochendes Wasser darüber. Kurz durchziehen lassen, ausdrücken und erst dann auf die Herzgegend legen, wenn das Kissen etwas abgekühlt ist und die Temperatur auf der Haut vertragen wird. Nach jeder Anwendung sollte man das Säckchen an der Luft trocknen. Es kann etwa zehnmal verwendet werden.

In der Homöopathie setzt man »Crataegus D 2-Tropfen« ein. Dabei handelt es sich um eine Zubereitung aus dem Weißdorn. Man läßt dreimal täglich zehn Tropfen auf der Zunge zergehen. Aber auch biochemische Tabletten sind oft hilfreich. So kommen viele Patienten sogar ohne weitere Medikamente über die Runden, wenn sie bei plötzlichen Beschwerden Magnesium phosphoricum-Tabletten D 6 als »heißen Blitz« anwenden: Man nimmt zehn Tabletten, löst sie in einem halben Glas heißem Wasser auf und trinkt diese Medizin in kleinen Schlucken.

Häufigste Ursache für die Entstehung der Angina pectoris sind Veränderungen in Gefäßen, die den Herzmuskel mit Blut versorgen. Altersbedingte Ablagerungen verhärten die Adern – sie verlieren ihre Elastizität und werden enger. Dadurch fließt in den Herzkranzgefäßen weniger Blut, und es entsteht ein Sauerstoffmangel im Herzmuskel. Das Herz kann nicht mehr mit voller Kraft arbeiten. Belastungen wie zum Beispiel schnelles Gehen, körperlicher und seelischer Streß lösen dann oft den Anfall aus. Manchmal ist schon das Tragen einer schweren Einkaufstasche zuviel. Der Schmerzanfall kommt für die Betroffenen meist aus heiterem Himmel – und doch

kommt er nicht von ungefähr: Falsche Lebensgewohnheiten sind an der Entstehung der Krankheit entscheidend beteiligt. Bei den Risikofaktoren steht das Rauchen an erster Stelle, es folgen Bluthochdruck, hohe Blutfettwerte, Übergewicht, falsche Ernährungsgewohnheiten, hohe Harnsäurewerte, Bewegungsmangel, Diabetes und Streß.
Nikotin ist Gift für die Herzkranzgefäße! Deshalb gilt für Patienten mit Angina-pectoris-Beschwerden absolutes Rauchverbot. Bewegung an frischer Luft dagegen ist die beste Medizin: Tägliche Spaziergänge und leichte Gymnastik gehören unbedingt mit zur Allgemeinbehandlung. Das Bewegungstraining ist für Herz und Kreislauf besonders wichtig. Angina-pectoris-Patienten sollten ihre Belastungsgrenze jedoch genau kennen und nicht überschreiten. Bei Übergewicht des Patienten sollte durch kalorienreduzierte Ernährungsweise unbedingt dafür gesorgt werden, daß Normalgewicht erreicht wird. Eine leichte, fettarme Kost mit vorwiegend pflanzlichen Fetten ist anzuraten (ungesättigte Fettsäuren senken den Cholesteringehalt im Blut); der Salzverbrauch muß eingeschränkt werden; Alkohol darf nur in geringen Mengen getrunken werden.

Antidiabetika

Normalgewicht und Diät regulieren den Zuckerspiegel

Insulinmangel ist die Ursache der Zuckerkrankheit (medizinisch = Diabetes), unter der rund fünf bis sechs Millionen Bundesbürger leiden. Das Hormon Insulin wird in der Bauchspeicheldrüse produziert. Die Bauchspeicheldrüse, medizinisch: Pankreas, liegt wie ein Wurm quer im Oberbauch, nicht schwerer als hundert Gramm. Der deutsche Medizinstudent Paul Langerhans entdeckte in der Drüse inselartige Zellhaufen. Die Bedeutung dieser Inseln fand man 1921 heraus: Sie produzieren ein Hormon, seither Insulin genannt. Bei verminderter Insulinproduktion steigt der Zuckerspiegel im Blut, wird von den Nieren mit dem Urin ausgeschieden. Durch den Zucker bekommt der Harn einen süßlichen Geschmack, eine Tatsache, die bereits den alten Griechen bekannt war. Sie gaben der Krankheit den Namen »Diabetes mellitus«, was soviel wie »honigsüßes Hindurchfließen« bedeutet.

Insulin hält also den Zuckergehalt des Blutes in Grenzen – eine Überzuckerung führt zu lebensgefährlichen Stoffwechselentgleisungen. Man unterscheidet zwei Formen der Zuckerkrankheit. Zum einen gibt es Patienten, die täglich Insulin spritzen

müssen, weil ihre Bauchspeicheldrüse – meist schon von Kind an – nicht in der Lage ist, das Hormon herzustellen.
Zum anderen gibt es Zuckerkranke, bei denen dieses Organ zwar noch funktioniert, doch die Insulinproduktion läuft, hauptsächlich altersbedingt, auf Sparflamme. Mit Tabletten läßt sich die Drüse zwar anregen, doch die medikamentöse Therapie hat große Nachteile. So können diese Arzneimittel zu Übelkeit, Erbrechen und allergischen Hautreaktionen führen oder Blutveränderungen hervorrufen. Und durch versehentliche Überdosierung kann es zum sogenannten hypoglykämischen Schock kommen: Die Bauchspeicheldrüse wird derart stimuliert, daß sie zuviel Insulin ins Blut schüttet – auf diese Weise kommt zu einer rapiden Unterzuckerung, die ebenso lebensgefährlich ist wie die Überzuckerung.
Nimmt man die insulinpflichtigen Diabetiker einmal aus, könnten tatsächlich die allermeisten Patienten auf die problematischen Tabletten verzichten, wenn sie sich an eine natürliche Lebensweise hielten. So empfahl der berühmte Naturheiler Paracelsus bereits im 16. Jahrhundert seinen zuckerkranken Patienten Hungerkuren. Auch heute noch zählt die Normalisierung des Körpergewichtes zu den besten Waffen im Kampf gegen die Zuckerkrankheit. Aber, es ist kaum zu glauben, tatsächlich bringen 90 Prozent aller Diabetiker zuviel auf die Waage! Und mit jedem Pfund wird das Leiden schlimmer. Grundsätzlich ist das Abspecken auch dem gesunden Dicken anzuraten, denn Übergewichtige tragen ein fünf- bis zehnfach höheres Risiko, einmal zuckerkrank zu werden!

Die älteste und wichtigste Form der Behandlung des Leidens ist jedoch eine ganz bestimmte Ernährungsweise. Der Sinn einer Diabetes-Diät besteht darin, die stärkehaltigen Nahrungsmittel exakt zu dosieren, damit die Leber weniger Zucker produziert, der das Blut weiter ansüßt. Dementsprechend muß die Bauchspeicheldrüse nicht so hart arbeiten – es wird ja kaum Insulin benötigt.
Zur naturgemäßen Behandlung gehört darüber hinaus die Bewegung, denn jede Art von Muskeltätigkeit zehrt den Blutzucker auf. Gewiß ist: Wer rechtzeitig, etwa im Alter von 40 Jahren, mit Abnehmen und sportlicher Betätigung vorbeugt, braucht keine Angst vor Alterszucker zu haben. Vor allem entgeht er den gefürchteten Spätschäden: Herzkreislauferkrankungen, Absterben der Füße infolge von Gefäßschäden und Erblindung.
Heilpflanzen-Tees, die früher gerne verordnet wurden, sind nach den neuesten Erkenntnissen nur von geringem Wert, können mitunter sogar schädlich sein. Zu den alten Volksheilmitteln gehören auch die sogenannten Diabetiker-Kartoffeln, Knollen der exotischen Topinambur-Pflanze. Neben lebensnotwendigen Vitaminen und Mineralstoffen enthalten sie vor allem leicht verdaulichen Fruchtzucker mit einer hohen Süßkraft. Die Topinambur-Substanz Inulin regt überdies die Bauchspeicheldrüse an und wirkt damit insulinbildend. Frisch geraffelt schmecken Topinamburknollen wie Salatherzen oder Haselnüsse. Die Knollen können gekocht, gebraten, zu Milch- und Quarkspeisen oder auch als Pürree zubereitet werden. Der Anbau der Topinambur, die zur Familie der

Sonnenblumen gehört, ist problemlos. In nahezu jeder Gartenerde vermehren sich die winterfesten Knollen rasch.
Die Pflege der Haut nimmt bei Diabetikern einen wichtigen Stellenwert ein, denn infolge der Stoffwechselstörung kommt es zu vielfach unerträglichem Jucken, aber auch zu bösen Entzündungen durch Bakterien und Pilze. Schon winzige Mikroverletzungen, die durch das Abreißen eines Pflasters entstehen können, bilden ein neues Angriffsziel für krankmachende Keime. Diabetiker sollten zur Körperreinigung ausschließlich milde und hautschonende Seife verwenden und rauhe und rissige Hautstellen nach dem Waschen sorgfältig mit einer Fettsalbe eincremen. Gegen Juckreiz helfen Molke-Kleie-Bäder. Man nimmt wöchentlich ein bis zwei Vollbäder bei 36 bis 37 Grad Wassertemperatur; anschließend muß man eine halbe Stunde nachruhen.

Eisenpräparate

Petersilie und Sojabohnen zaubern den Eisenmangel fort

Wenn der Arzt einen Eisenmangel im Blut festgestellt hat, wird er in der Regel ein Eisenpräparat verordnen. Es ist eigentlich klar, daß man diese Arznei so lange einnimmt, bis man wieder gesund ist. Der komplizierten Blutuntersuchung kann man unter Umständen aus dem Weg gehen, wenn man sich in der Apotheke selbst ein rezeptfreies Eisenpräparat besorgt. Das darf man ohne weiteres tun, wenn man damit umzugehen weiß.
Eisenmangel ist die häufigste Ursache der Blutarmut. Denn das Spurenelement Eisen baut den Blutfarbstoff Hämoglobin auf, der seinerseits den lebenswichtigen Sauerstoff in der Lunge an die roten Blutkörperchen bindet.
Abgeschlagenheit und Mattigkeit, anhaltende Kopfschmerzen und Schwindel, vor allem aber brüchige Fingernägel und Einrisse in den Mundwinkeln deuten fast immer auf einen Eisenmangel hin. Bessern sich diese Symptome jedoch nach vier- bis fünfwöchiger Einnahme des Eisenpräparates immer noch nicht, muß man den Doktor doch noch konsultieren, denn hinter den typischen Begleiterscheinungen kann durchaus eine andere Erkrankung stecken.

Auf jeden Fall sollten Sie den Apotheker um ein Präparat mit zweiwertigem Eisen bitten – dreiwertiges Eisen wird vom Darm viel schlechter aufgenommen. Gefördert wird die Eisenaufnahme dagegen, wenn das Präparat zusätzlich noch die Blutbildner Vitamin B 12, Vitamin C und Folsäure enthält.

Sie sollten aber auch wissen:

- daß man Eisenpräparate nicht mit Tee oder Kaffee einnehmen darf. Diese Getränke, aber auch Rotwein, enthalten Gerbsäure, die mit dem Eisen eine schwerlösliche Verbindung eingeht;
- daß sich bei der Einnahme von Eisen der Stuhl schwarz färbt. Dabei handelt es sich jedoch um eine harmlose Erscheinung; sie zeigt lediglich, daß ein großer Teil des Eisenangebotes über den Darm wieder ausgeschieden wird;
- daß die Eiseneinnahme auf nüchternen Magen zwar günstiger, aber häufig auch mit Beschwerden verbunden ist;
- daß sich Eisenpräparate und bestimmte keimtötende Mittel (Antibiotika wie Tetracycline) nicht miteinander vertragen;
- daß die Einnahme von Eisen des öfteren zu Übelkeit, Magendruck und sogar Erbrechen führt und mitunter auch eine Verstopfung hervorruft.

Völlig unproblematisch und nebenwirkungsfrei ist dagegen die natürliche Behandlung der Blutarmut, nämlich mit einer eisenreichen Ernährung. Grundsätzlich sollten Sie sich merken, daß dunkles Fleisch immer eisenhaltiger ist als helles. Leber galt früher als ein echtes Heilmittel. Durch die starke Umweltbelastung enthält sie inzwischen allerdings sehr viel Schadstoffe. Deshalb rät man heute, Leber nur alle zwei Wochen auf den Speiseplan zu setzen. Spinat – immer wieder empfohlen – ist zwar reich an Eisen, kann aber kaum verwertet werden, da der Heilstoff im Spinat an eine unverdauliche Säure gebunden ist. Andererseits gibt es wahre Eisenspender in der Natur. Zum Beispiel Sojabohnen. 100 Gramm davon enthalten 8,59 Milligramm Eisen (der Tagesbedarf liegt bei 20 Milligramm). In 100 Gramm Petersilie stecken acht Milligramm Eisen, und: 100 Gramm Hühnerleber enthalten 7,4 Milligramm Eisen. Nahrungsmittel, die außerdem von Nutzen sein können, sind Rindfleisch, Kalbsschnitzel, Vollkornbrot, Kohl, Aprikosen, Nüsse, Rosinen und so kostspielige Genüsse wie Austern und Kaviar. Interessant ist die Tatsache, daß sich die Eisenaufnahme durch den oberen Teil des Dünndarms erhöht, wenn gleichzeitig Vitamin C eingenommen wird, es ist also sinnvoll, zur eisenhaltigen Mahlzeit ein Glas Orangensaft zu trinken.

Schließlich: Nützlich ist die Verwendung von gußeisernen Pfannen und Tiegeln – beim Kochen lösen sich winzige Spuren von Eisen und reichern die Speisen an. Weniger praktikabel, aber wissenschaftlich gesichert, ist das Spicken von Äpfeln mit Eisennägeln – wird das Fruchtfleisch rostig, erhöht sich der Eisengehalt eines Apfels auf 20 Milligramm!

Wenn der Mensch auf irgendeine Weise Blut verliert, verliert er auch Eisen. Das ist der Grund, warum jede zweite Frau unter Eisenmangel leidet. Denn Regelblutungen, aber auch Schwangerschaft und Geburt führen immer zu Blutverlusten. Eine Geburt kostet die Mutter beispielsweise 1000 Milligramm Eisen! Hinzu kommen oft die unvernünftigen Schlankheitskuren, bei denen dem Körper wichtige blutbildende Stoffe vorenthalten werden. Auch die Einnahme der Antibabypille kann die Eisenaufnahme beeinträchtigen. Die Deutsche Gesellschaft für Ernährung hat ermittelt, daß Frauen in der Bundesrepublik im Durchschnitt 11,7 Prozent zuwenig Eisen zu sich nehmen. Bei den Dreizehn- bis Vierzehnjährigen beträgt das Eisendefizit sogar rund 30 Prozent.

Bei der sogenannten Blutarmut ist die Gesamtblutmenge des Patienten in der Regel normal. Vermindert ist allerdings die Anzahl der roten Blutkörperchen. Auch wenn im Mittelpunkt jeder natürlichen Behandlung Ernährungsregeln stehen, um ein mögliches Eisendefizit auszugleichen, so ist ein längerer Aufenthalt in frischer Höhenluft geeignet, die Blutarmut zu kurieren. Die dünne Luft im Hochgebirge übt eine Reizwirkung auf das Knochenmark aus – und dort werden die roten Blutzellen gebildet. Schon nach zehn- bis vierzehntägigem Aufenthalt in der Höhenluft kann man unter dem Mikroskop feststellen, daß sich die Anzahl der roten Blutkörperchen des Patienten erhöht hat.

H2-Blocker und Wismut-Präparate

Süßholz hilft dem strapazierten Magen

Fast eine halbe Million Bundesbürger leiden unter Magen-Darm-Geschwüren, von denen die meisten zum Glück nach etwa sechs Wochen wieder ganz von selbst ausheilen. 40 Prozent der Patienten müssen allerdings damit rechnen, daß sie schon nach zwei bis drei Jahren einen Rückfall erleiden; nicht selten quält sie die schmerzhafte Erkrankung mit Unterbrechungen ein halbes Leben lang.

Zur Langzeitbehandlung verordnen Ärzte vor allem die sogenannten H2-Blocker, Tabletten, die die Produktion der aggressiven Salzsäure im Magensaft herabmindern. Denn, so eine alte Medizinerweisheit, »ohne Salzsäure kein Geschwür«.

Wer auf Anraten seines Arztes einen H2-Blocker einnimmt, sollte dieses Medikament nicht auf eigene Faust absetzen – er riskiert möglicherweise eine massive Magenblutung. Nach neuester wissenschaftlicher Erkenntnis handelt es sich – zumindest bei einem Teil der Abszesse in der Magen- oder Zwölffingerdarmwand – um bakterielle Entzündungen. Der Erreger, das sogenannte Campylobacter-Bakterium, läßt sich erfolgreich mit keimtötenden Wismut-Präparaten vernichten. Auch wer eine sechswöchige

»Wismut-Kur« macht, sollte sich gewissenhaft an die Verordnung halten, damit es nicht zum »Therapieversager« kommt.

Eine Selbstbehandlung mit einem der vielen freiverkäuflichen säurehemmenden Mineralstoffpräparate ist dagegen nur in akuten Fällen, zum Beispiel bei starkem Sodbrennen, zu empfehlen. Nimmt man sie längere Zeit ein, können sie mehr schaden als nutzen. Sinnvoller ist da schon, sich an ein bewährtes, nebenwirkungsfreies Rezept aus der Naturheilkunde zu erinnern. So bringen etwa einfache, heiße Kompressen, auch Wickel mit einem kleinen Heusack, warme Fango-, Lehm-, Moor- oder Paraffinpackungen fast immer Linderung. Der Effekt der schonenden Wärmezufuhr: eine lokale und allgemeine Mehrdurchblutung. Von der Haut ausgehende Reflexwirkungen beeinflussen wohltuend die inneren Organe.
Auch das Kauen von Süßholzwurzeln hat häufig Sofortwirkung. Die darin enthaltene Glycyrrhizinsäure besitzt ähnliche Eigenschaften wie das entzündungshemmende und schmerzlindernde Kortison. Nicht minder hilfreich ist ein Tee aus der Süßholzwurzel: Nehmen Sie einen Teelöffel der getrockneten und kleingeschnittenen Droge und kochen Sie sie mit einer Tasse Wasser etwa zehn Minuten lang. Nach dem Abseihen wird der Arzneitee zweimal täglich nach den Mahlzeiten getrunken. Oder: 20 bis 30 Gramm zerkleinerte Lakritzstangen in einem Glas warmem Wasser auflösen und jeweils ein Drittel davon nach den Mahlzeiten trinken. Überdies gibt es Süßholzprä-

parate in Tablettenform oder als Sirup und Saft in der Apotheke.

Bewährt hat sich die Einnahme von pulverisierter Heilerde: Sie neutralisiert die Magensäure und regt die Verdauungsvorgänge an. Man verrührt einen Teelöffel Heilerde in einem Glas Wasser und trinkt es vor den Mahlzeiten.

Geben Sie Vollkornprodukten den Vorzug! Denn beim Verzehr von Brötchen, Toast und Gebäck erreicht die scharfe Magenflüssigkeit den Zwölffingerdarm vor dem Speisebrei, während der Prozeß beim Genuß von Vollkornprodukten umgekehrt verläuft: Der Speisebrei bremst die Magensäure ab und entschärft sie. Damit werden die sensiblen Magenwände und Schleimhäute geschützt.

Um Geschwüren vorzubeugen, muß man grundsätzlich gut kauen. Denn nur so wird der Speisebrei ausreichend mit Speichelsubstanz versetzt, die die empfindliche Magen- und Darmschleimhaut vor Gewebeschäden schützt.

Früher stets verordnet, spielt eine Schonkost bei der Behandlung von Magen-Darm-Geschwüren kaum eine Rolle. Dennoch werden bestimmte Nahrungsmittel von Menschen mit empfindlichem Magen als »schlecht verträglich« oder »unverträglich« eingestuft. Dazu gehören Hülsenfrüchte, Gurken und verschiedene Kohlsorten, Paprika, kohlensäurehaltige Getränke, hartgekochte Eier, frisches Brot, süße und fette Backwaren. Milch galt bisher als eines der schonendsten Nahrungsmittel für Magen-Darm-Patienten. Nach neuen Erkenntnissen ist sie jedoch eine riskante Medizin: Die Magensäure nimmt zwar in den ersten Minuten nach Milchgenuß ab, steigt aber dafür in den nächsten Stunden rapide an.

Mit den rezeptfreien Medikamenten gegen zuviel Magensäure sollten Sie vorsichtig umgehen. Folgende Mineralstoffe kommen zum Einsatz: Natron, Calciumcarbonat, Magnesium und Aluminium.

- Natron und Calciumcarbonat können bei häufigerem Gebrauch die Magensäureproduktion sogar noch anregen.
- Aluminium wirkt stopfend, Magnesium abführend – bei normalem Stuhlgang ist eine Kombination der beiden Substanzen deshalb sinnvoll.
- Wichtig: Mittel gegen zuviel Magensäure nicht auf nüchternen Magen, sondern etwa eine halbe Stunde nach den Mahlzeiten einnehmen – sonst verpufft ihre Wirkung.
- Wenn Sie Medikamente, insbesondere Herzmittel (Digitalispräparate) oder Antibiotika (Tetracycline), einnehmen, sollten Sie Ihren Arzt fragen – ihre Wirkung kann durch Magensäurehemmer aufgehoben werden.

Analgetika

Im Kräuterbad vergeht der Kopfschmerz

Manche Leute brauchen nie eine Schmerztablette, andere schlucken sie sogar vorsorglich vor dem Zubettgehen, damit sie am nächsten Morgen keinen Brummschädel haben. Grundsätzlich sollte man mit solchen Medikamenten sparsam umgehen und lieber versuchen, die Schmerzen mit einer nicht minder wirksamen Anwendung aus der reichhaltigen Naturapotheke zu lindern. Dann darf man gewiß sein, daß man sich nicht noch mehr Schaden zufügt.

Der Arzt nennt die Schmerzmittel »Analgetika«. Wenn er ein solches Präparat verschreibt, hat das immer einen wichtigen Grund. Und Patienten, die sich an die Verordnung halten, werden auch meist rasch wieder beschwerdefrei und können auf die Tabletten verzichten.
Fast gefährlicher sind die freiverkäuflichen Analgetika, weil man sie in unbegrenzter Menge bekommen kann, und leider oft auch leichtfertig und gedankenlos einnimmt: pro Jahr verkaufen die Apotheken bei uns mehr als 100 Millionen Packungen davon – das sind schätzungsweise drei Milliarden Schmerztabletten! Der gebräuchlichste Wirkstoff ist die Acetylsalicylsäure (kurz ASS genannt), die nun schon bald hundert Jahre lang auf dem Markt ist. Die

Substanz ASS wird in der Regel ausgezeichnet vertragen (Ausnahmen: Magenleidende, Zuckerkranke und Allergiker). Trotzdem sollte man sich an folgende Faustformel halten: Erlaubt sind höchstens ein bis drei Tabletten täglich – und das nur viermal im Jahr! Der wichtigste Grund dafür: Mißbrauch kann nicht nur zur Abhängigkeit, sondern auch zu schweren gesundheitlichen Störungen führen.

Unbeschadet und so oft, wie Sie mögen, dürfen Sie statt dessen ein schmerzlinderndes Vollbad nehmen, dessen Wirkung ganz unterschiedlicher Art sein kann. Es entspannt (etwa bei Muskelschmerzen oder Kopfschmerzen bei hohem Blutdruck), wenn man 250 Gramm Baldriantinktur oder Melisse-Extrakt ins Badewasser gibt; Schafgarbe- und Zinnkraut-Extrakt wirken dagegen entkrampfend (beispielsweise bei Regelschmerzen); und ein Rosmarin-Bad regt bei Ermüdungskopfschmerz oder niedrigem Blutdruck den Kreislauf an. Wichtig ist, daß man nach einem viertelstündigen Vollbad von höchstens 38 Grad mindestens zwanzig Minuten nachruht.

Zur Behandlung von Schmerzzuständen jeglicher Art muß man auch die Wirkung von kalten und warmen Anwendungen kennen. Kälte – zum Beispiel eine feucht-kalte Kompresse oder ein mit kleingestoßenen Eiswürfeln gefüllter Waschlappen – nimmt den akuten Schmerz (auch den Katerkopfschmerz nach durchzechter Nacht!). Warme Auflagen (zum Beispiel ein kleines Kräuterkissen mit Heublumen, Kamille, Oregano, Thymian, Lavendel und Baldrian, das im Backofen vorsichtig angewärmt wird) lindern dagegen chronische Schmerzen,

die man ohnehin nicht dauernd mit Tabletten angehen möchte.
Lästige Spannungskopfschmerzen lassen sich oft schon allein durch eine einfache Selbstmassage vertreiben. So wird's gemacht: Zeigefingerkuppen unter den Haaransatz in Stirnmitte legen und drei feste Striche zu den Schläfen ziehen. Üben Sie von der Nasenwurzel zur Augenbrauenmitte eine Druckpunktmassage aus; dann mit Daumen und Zeigefinger Ohrmuschel und -läppchen massieren; schließlich den Nacken bis zu den Schultergelenken ausstreichen. Diese wirkungsvolle, aber völlig unschädliche Maßnahme kann jederzeit wiederholt werden.
Übrigens: Wer durch lange Schreibtischarbeit immer wieder Schmerzen im Nacken- und Schulterbereich bekommt, sollte sich einen Stuhl mit Armlehnen kaufen: Schon durch gelegentliches Aufstützen der Arme wird die Dauerbelastung von Bandscheiben und Rückenmuskulatur erheblich gemindert.
Schmerzzustände können unter anderem durch Fehlernährung, etwa einen Mangel an B-Vitaminen, entstehen. Besonders ein Defizit an Vitamin B_1, fachlich als »Thiamin« bezeichnet, ruft neben Appetitlosigkeit und Ermudungserscheinungen auch Kopfschmerzen hervor. B-Vitamine werden bei schweißtreibender Tätigkeit – körperlicher Arbeit, Sport oder Sauna – über die Haut ausgeschieden. Aber auch bei einer Mangeldiät, wie sie etwa jede Schlankheitskur unter 1500 Kalorien täglich darstellt, kommt es zu einer Unterversorgung mit Vitamin B_1. Bei einem Verdacht auf B_1-Mangel sollten reichlich Weizenkeime, Haferflocken, unpolierter Reis, Eidotter, Kalbsleber,

Rindfleisch, Hefe und Sojaprodukte in den Speiseplan eingebaut werden. Diese Nahrungsmittel enthalten nämlich besonders viel Thiamin.

Schmerzbekämpfung durch körperliche Belastung – damit beschäftigten sich Mitarbeiter des Instituts für Arbeitsphysiologie der Universität Marburg. In einer Studie an zwölf jungen Männern wurde an je einem gesunden oberen Schneidezahn die Schmerzschwelle mit einer Kältesonde getestet. Durch ein lautstarkes »Aua ...« bekundeten die Versuchsteilnehmer im Schnitt nach fünf Sekunden, daß ihnen der Zahn weh tat. Nach zehn Kniebeugen und längerem Atemanhalten konnte der Reiz dagegen 60 Prozent länger ausgehalten werden! Dieser Effekt entspricht in etwa der Wirkung einer Schmerztablette. Drei Minuten Körperbelastung auf einem Trimm-Fahrrad hatte eine noch stärkere schmerzsenkende Wirkung. Wer allerdings diese verblüffenden Ergebnisse beim Zahnarzt gleich ausprobieren will, muß enttäuscht werden: Denn leider zeigte sich auch deutlich, daß die schmerzlindernde Wirkung nur wenige Minuten anhält.

Ergotamin

Wer unter Migräne leidet, muß sich salzarm ernähren

Im Seelenleben genügt oft schon ein kleiner Funke, um eine Explosion auszulösen, etwa ein überaus glücklicher Moment oder eine niederschmetternde Nachricht. Aber auch Ehekräche und sogar Wetterwechsel können zur Migräne führen: meist einseitige rasende Kopfschmerzen mit Schwindel, Doppelt- und Funkensehen, Übelkeit und Erbrechen. Das typische Beschwerdebild ist bei Frauen zehnmal häufiger als bei Männern. Möglicherweise hängt dies mit dem komplizierteren Hormonhaushalt der Frau zusammen; manche Migräne-Forscher glauben aber auch, daß Frauen mehr Grund zu Unsicherheit und Unzufriedenheit mit sich selbst haben.

Schon seit je werden Menschen von Migräne geplagt, aber bis heute ist die Ursache dieser Gesundheitsstörung unklar. In den letzten Jahren sind zwei weitere Theorien zur Entwicklung des Migräne-Kopfschmerzes entstanden, die die Rolle des Botenstoffs Serotonin hervorheben; dabei handelt es sich um ein Gewebshormon, das in hoher Konzentration auch in bestimmten Hirnabschnitten und in den Blutplättchen (Thrombozyten) vorkommt. Die »neurogene Theorie« bezieht sich auf Unregelmäßigkeiten und überempfindliche Reaktionen des Nervensystems durch seelische Spannungen. Die »humorale Theorie« geht dagegen davon aus, daß es sich bei Migräne in erster Linie um eine Störung im Blut handelt, die auf ein krankhaftes Verhalten der Blutplättchen zurückzuführen ist.

Vielfach helfen bei den schweren Schmerzattacken nur noch starke Medikamente. Doch Vorsicht ist geboten: Mindestens eine halbe Million Migränepatienten in der Bundesrepublik sind nach Meinung von Experten bereits tablettensüchtig. Denn die Folge der gewohnheitsmäßigen Einnahme sind unerträgliche Dauerkopfschmerzen, die eigentlich nie verschwinden. Dagegen werden nun wieder Pillen oder Zäpfchen eingenommen – es ist ein Teufelskreis, der nicht selten nur durch eine Entwöhnungskur zu durchbrechen ist.

Die aus dem sogenannten Mutterkorn gewonnene Substanz Ergotamin hat sich gegen die periodisch auftretenden Migräneanfälle besonders gut bewährt. Das Mutterkorn ist ein giftiger Schmarotzerpilz, der das Getreide befällt. Früher, als es noch unzulängliche Reinigungsverfahren gab, geriet der Pilz häufig ins Mehl, wodurch sich dann beim Verbraucher Vergiftungserscheinungen einstellten – und zwar eine typische Kribbelkrankheit in Händen und Füßen infolge einer starken Verengung der Blutgefäße. Schuld war die vom Mutterkorn produzierte Substanz Ergotamin. Sie verengt auch während des Migräneanfalls die im Kopfbereich stark erweiterten Blutadern, die lindernde Wirkung tritt meist schon nach einer Viertelstunde ein. Migränepatienten müssen dafür allerdings heftige Nebenwirkungen wie Übelkeit, Erbrechen oder Durchblutungsstörungen in Händen und Füßen in Kauf nehmen.

Wer sich dagegen mit einem ungiftigen Präparat aus der Naturheilkunde helfen kann, ist zweifellos besser dran. Als echtes Volksheilmittel gilt »der heiße Blitz«: Man löst zehn biochemische Tabletten Magnesium phosphoricum in einem halben Glas Wasser auf und trinkt es auf einen Zug leer. Bei starken Schmerzen kann die Anwendung stündlich wiederholt werden. Bewährt haben sich auch homöopathische Medikamente, etwa »Spigelia D 3«-Tabletten, besonders wenn es sich um linksseitige Schmerzzustände handelt; hormonell bedingte Migräne geht man dagegen mit »Pulsatilla D 4«-Tabletten an; und die typische Sonntagsmigräne bessert sich am ehesten auf das Mittel »Iris Versicolor D 2« (Tabletten aus der Schwertlilie).

Die gefürchteten Schmerzzustände am Wochenende können unter Umständen auch auf einen Coffein-Entzug zurückzuführen sein. Dieser tritt bei Personen ein, die am Arbeitsplatz viel Kaffee, Cola oder Tee trinken, am freien Wochenende aber darauf verzichten. Wer dies als Ursache seiner Migräne-Attacke erkennt, kann sich leicht selbst helfen – und zwar mit starkem Kaffee.

Als nützlich hat sich die vorbeugende Einhaltung einer salzarmen Diät bewährt: salzfreies Brot, Haferflocken, Mehl, Zucker, Reis und Nudeln sind erlaubt; mit Ausnahme von Bananen, Sellerie, Spinat, Kohl und Hülsenfrüchten dürfen sämtliche Gemüse und jedes Obst, auch Pilze und Nüsse gegessen werden.

Da Frischfleisch und Flußfische salzarm sind, gehören sie ebenfalls zu dieser Ernährungsform.
Natürliche Heilmaßnahmen sind überdies ›neuraltherapeutische Injektionen‹ mit dem leichten Heilbetäubungsmittel Procain, die man allerdings dem Arzt überlassen muß. Sehr häufig helfen auch einige Akupunkturbehandlungen. Und mit einer Entspannungsmethode wie dem autogenen Training kann man den Schmerzanfällen sinnvoll vorbeugen.
Migränepatienten sollten öfter einmal mit der Faust auf den Tisch schlagen und durch ein reinigendes Gewitter für klare Fronten sorgen. Doch Schmerztherapeuten wissen, daß gerade Migräniker vielfach Ärger und Feindseligkeit verbissen in sich hineinfressen. Darauf beruht eine der bekanntesten Theorien, wie die Kopfschmerz-Attacke entstehen könnte: Wenn die aggressiven Impulse über einen längeren Zeitraum gehemmt und nicht zum Ausdruck gebracht werden, so kann dies zu einer Blockade des gesamten Gefühlslebens führen. Die überreizten Nerven entladen sich dann eines Tages in einem Migräne-Anfall.

Psychopharmaka und Tranquilizer

Glückspillen führen oft zur Sucht

Nach einer amerikanischen Studie leidet jeder fünfte Erwachsene innerhalb von sechs Monaten unter einer seelischen Störung. Zu den vieldeutigen Symptomen gehören Angstzustände, depressive Verstimmungen mit Antriebsschwäche und Interessenverlust. Die Folgen unbehandelter psychischer Konflikte sind fatal: Statistisch gesehen sind tödliche Unfälle bei psychisch unstabilen Menschen fast doppelt so häufig wie bei der Durchschnittsbevölkerung. Grundsätzlich ist es erforderlich, bei ungelösten Problemen und bei »seelischen Tiefs« einen Arzt zu Rate zu ziehen. Nur die frühzeitige offene Aussprache über die Möglichkeit einer seelischen Erkrankung eröffnet die Chance, daß nicht an den Symptomen »herumgedoktert«, sondern effektiv behandelt wird. Wichtig ist, daß man bei »Organbeschwerden« auch offen über seelische Konflikte spricht. Denn diese sind vielfach der Auslöser von Schmerzzuständen »ohne Befund«.

Das englische Wort »to tranquilize« bedeutet soviel wie »beruhigen«. Dementsprechend spricht der Arzt von einem Tranquilizer (ausgesprochen: »Tränkileiser«), wenn

er ein Beruhigungsmittel verschreibt. Die weitaus meisten Präparate dieser Art enthalten den Wirkstoff Benzodiazepin: eine wirklich gefährliche Substanz – auf jeder Packung Beruhigungstabletten sollte man nachlesen, ob sie in dem Medikament enthalten ist.
Beruhigungsmittel dieser Art, da gibt es kein Wenn und Aber, machen süchtig. Auch wenn Ärzte die Einnahme beschönigen, und betroffene Patienten es nicht wahrhaben wollen – eines Tages kommen sie nicht mehr alleine von diesen Pillen los. Experten schätzen, daß bereits nahezu eine Million Bundesbürger, nicht anders als Rauschgiftsüchtige, davon abhängig sind. Die körperlichen und seelischen Entzugserscheinungen wie Schweißausbrüche, Zittern, Kreislaufstörungen, Schlaflosigkeit, Wahnideen und Todesangst sind so stark, daß man sich nur in einer Klinik von der Einnahme dieser Tabletten lösen kann.
Trotz ihrer Gefährlichkeit haben die Tranquilizer in der kurzfristigen Arzneimitteltherapie ihre Berechtigung: Sie können über schwere Schicksalsschläge und Notsituationen hinweghelfen, weil sie das Zentralnervensystem dämpfen und das Leben wie durch eine rosarote Brille erscheinen lassen. Seelische Konflikte, die zu inneren Unruhezuständen führen, können dadurch zwar vorübergehend verdeckt, aber niemals ausgeräumt werden.

Aus diesen Gründen lehnt man die Behandlung mit chemischen Tranquilizern in der Naturheilkunde ab. Auch wenn sie nicht so prompt und auch nicht so zuverlässig wirken, verordnet man statt dessen sanfte pflanzliche Heilmittel die – selbst in hoher Dosierung und über einen längeren Zeitraum eingenommen – dem Patienten keinen Schaden zufügen können. Zu den meistgenutzten Alternativen gehören:

- Baldrian-Tee – er wird aus der Wurzel hergestellt, indem man zwei Teelöffel der getrockneten und zerkleinerten Droge mit einer Tasse kochendem Wasser ansetzt und zwölf Stunden ziehen läßt; der Tee wird dann kalt getrunken.
- Johanniskraut-Tee – längerfristig, also etwa über vier bis sechs Wochen getrunken – wirkt nahezu wie ein chemischer Tranquilizer; man kocht ein bis zwei Teelöffel des getrockneten Krautes mit einer Tasse Wasser kurz auf und trinkt regelmäßig morgens nüchtern und abends vor dem Schlafengehen eine Tasse davon.

In der Langzeittherapie hilft vielen Patienten auch das autogene Training, um seelische Konflikte, die zu den quälenden inneren Unruhezuständen führen, zu überwinden. Diese Entspannungsmethode, die der deutsche Nervenarzt Professor Johannes Heinrich Schultz entwickelt hat, basiert auf der Selbsthypnose. In meist sechswöchigen Kursen, die heute vorwiegend an den Volkshochschulen durchgeführt werden, erlernt man die spezielle Technik, um niederziehende Gedanken unter Kontrolle halten und Unruhezustände dadurch meistern zu können.

Auch wenn es viele Patienten zu Beginn einer Wassertherapie starke Überwindung kostet – ein regelmäßiger, kalter Kneippguß vermag häufig zum allgemeinen Wohlbefinden derart beizutragen, daß man die starken chemischen Tranquilizer gar nicht erst in Anspruch nehmen muß. So wird's gemacht: Drei Minuten warm duschen, dann den Körper zehn

Sekunden lang kalt abbrausen; diese Anwendung wird dreimal wiederholt, die gesamte Maßnahme aber immer mit »kalt« abgeschlossen.
Fröhlichkeit, Ausgeglichenheit und innere Ruhe, das weiß man schon seit längerer Zeit, machen seltener krank, aber auch schneller wieder gesund. Umgekehrt ist es nicht anders: Depressionen, Trennungschmerz, sogar Examensängste und ähnliche Streßsituationen lassen den Menschen für Gesundheitsstörungen anfälliger werden. Warum das so ist, haben Wissenschaftler erst jetzt herausgefunden – es hängt mit dem körpereigenen Abwehrsystem zusammen. Die moderne Medizinforschung bezeichnet die Wissenschaft von der gegenseitigen Beeinflussung von Seelenleben, Nervensystem und Krankheitsabwehr mit dem Zungenbrecher »Psycho-Neuro-Immunologie«. Inzwischen konnte mehrfach nachgewiesen werden, daß die innere Einstellung und Vorstellungskraft stark genug sind, um sogar organische Veränderungen, etwa im Blutbild, herbeizuführen.

Cardiaca – Herzmittel

Es gibt viele Hilfen für ein schwaches Herz

Das menschliche Herz ist ein wahres Wunderwerk: Es schlägt pro Minute etwa 75mal und treibt dabei mehr als fünf Liter Blut durch die Adern, die beim Erwachsenen zusammengerechnet 10 000 Kilometer lang sind! Das Herz eines 75jährigen hat in seinem Leben so viel Leistung erbracht, daß damit 30 Autos auf den Mount Everest gehoben werden könnten! Ist es ein Wunder, daß der Herzmuskel im Alter ermüdet und in seiner Pumpleistung nachläßt?
Wenn dies der Fall ist, merkt es der Patient an ganz typischen Beschwerden:
Er wird, beispielsweise beim Treppensteigen, kurzatmig; da das schwache Herz die Körperflüssigkeiten nicht mehr mit ausreichendem Druck durch die Nieren in die Harnwege pumpen kann, kommt es zu Wasseransammlungen (hauptsächlich an den vom Herzen weit entfernten Fußknöcheln – dort erreicht die Pumpleistung ein Minimum!); nachts dagegen, wenn das Herz nicht belastet wird, stört häufigeres Wasserlassen die Bettruhe (wodurch leichtere Ödeme am Morgen wieder verschwunden sein können); infolge von Sauerstoffmangel verfärben sich die Lippen ins Bläuliche; mit beschleunig-

tem Pulsschlag versucht das insuffiziente (lateinisch = unzureichend) Herz, die mangelnde Leistung wettzumachen.

Eines steht fest: Bei klarer Diagnose ist ein Digitalisrpäparat, gewonnen aus dem giftigen Roten Fingerhut (botanisch = Digitalis purpurea), das wirksamste und durch nichts zu ersetzende Arzneimittel! Seine Wirksubstanzen, sogenannte Glykoside, stärken den Herzmuskel, erhöhen seine Pumpkraft und führen dadurch über eine verbesserte Nierendurchspülung auch zur Ausschwemmung von Wasseransammlungen.
Aber bereits der englische Krankenhausarzt Dr. William Withering, der vor 200 Jahren die Digitalis-Therapie in die Medizin einführte, registrierte neben der phantastischen Wirkung auf das ermüdete Herz auch unangenehme Nebenreaktionen bei Überdosierung. So kann es zu Kopfschmerzen, Übelkeit, Appetitlosigkeit, Erbrechen, innerer Unruhe oder Depressionen kommen. Nach Meinung von Digitalis-Forschern gibt es sogar heute noch Tausende von Todesfällen, hervorgerufen durch Digitalis-Vergiftungen.
Grund dafür ist die »schmale therapeutische Breite« von Digitalis-Präparaten. Damit ist gemeint, daß sie leicht unterdosiert und damit unwirksam, oder überdosiert und damit gefährlich werden können. Deshalb muß der Digitalis-Patient von seinem Arzt genau »eingestellt« werden.

Studien haben jedoch ergeben, daß Millionen von Herzpatienten mit sanfterer Arznei besser bedient wären. Denn aus der Pflanzenheilkunde kennen wir eine ganze Anzahl von Zubereitungen, deren Inhaltsstoffe bei Herzschwäche oft eher Linderung bringen als ein falsch rezeptiertes Digitalis-Präparat:

- Meerzwiebel-Tinktur, sie fördert vor allem die Wasserausscheidung;
- Maiglöckchen-Tropfen, diese können eine mittelschwere Herzschwäche vollkommen ausgleichen;
- Weißdorn-Tee gilt als das Pflegemittel für das alternde Herz.

Regelmäßige Bewegung, sogar schon schon zügiges Gehen, trainiert überdies den Herzmuskel. Aber auch Saunaanwendungen regen den Herzkreislauf an, ohne das Herz zu stark zu belasten. Und: Herzrhythmusstörungen treten in der Sauna wesentlich seltener auf als bei körperlicher Belastung. Nützlich für Patienten mit Herzschwäche ist eine salzarme Diät, damit das im Körper eingelagerte Wasser besser ausgeschieden werden kann, denn Salz bindet das Wasser ans Gewebe – neun Gramm einen ganzen Liter!

Gegen Herzjagen und Beklemmungsgefühl in der Brust hat sich ein gezieltes Training der Blutgefäße durch einfache kalte Armbäder bewährt.

Man läßt dazu kaltes Wasser in ein Waschbecken laufen und taucht die Arme bis über die Ellenbogen für wenige Sekunden hinein. Dann nimmt man die Arme aus dem Wasser (es kann sich ein leichtes Prickeln einstellen) und legt sie nach etwa zehn Sekunden wieder hinein. Durch den Kältereiz ziehen sich die Gefäße ruckartig zusammen, wodurch die Elastizität der Gefäßwände sozusagen geschult und die Durchblutung verbessert wird. Solche Anwendungen sollten allerdings regelmäßig, das heißt mor-

gens nach dem Aufstehen und abends vor dem Schlafengehen, durchgeführt werden.
Herzpatienten wird zu Bewegung geraten – doch Jogging am Morgen kann das Herz überlasten. Herzkranke sollten deshalb ihren Freizeitsport möglichst am Nachmittag betreiben. In den Vormittagsstunden gerinnt das Blut nämlich leichter als am Nachmittag oder am Abend – tatsächlich sind Herzinfarkte morgens und vormittags häufiger als zu anderen Tageszeiten. Wahrscheinlich benötigt der Herzmuskel vormittags auch mehr Sauerstoff. Deshalb sollte man Herzkranke nach Möglichkeit auch nicht in der Frühe wecken. Das schrille Klingeln eines Weckers oder auch kräftiges Wachrütteln können den Patienten erschrecken, die Gefäße verkrampfen sich dann, wodurch sich die Herzkranzgefäße zusätzlich verengen.

Durchfallhemmende Mittel

Ein selbstgemixter Cocktail stoppt den Durchfall

Wer einen 14tägigen Tunesien-Urlaub oder vielleicht sogar nur »acht Tage Kairo« gebucht hat, sollte unbedingt ein wirksames Durchfallmittel dabeihaben. Denn selbst eine nur kurze Darmerkrankung von drei oder vier Tagen Dauer ist dann zu teuer bezahlt, ganz abgesehen von den lästigen Beschwerden: Magen-Darm-Krämpfe, die einen dauernd zur Toilette treiben, Schweißausbrüche, Kreislaufstörungen und manchmal völlige Abgeschlagenheit, so daß man am besten das Hotelbett hütet.
Mehr als die Hälfte dieser gefürchteten Durchfälle, medizinisch spricht man von Reisediarrhoe, wird durch die sogenannten Kolibakterien ausgelöst. Sie gelangen mit der Nahrung und dem Trinkwasser in den Körper. Der Organismus reagiert mit wäßrigem Stuhl, um mit dieser Selbstschutzmaßnahme die aggressiven Bazillen möglichst rasch wieder loszuwerden. Bakterientötende Medikamente wie Antibiotika sind jedoch in den seltensten Fällen angebracht, weil diese Mittel auch die stoffwechselaktiven lebensnotwendigen Darmbakterien vernichten.

Nur in den schwersten Fällen verordnet der Arzt, wie es

früher üblich war, opiumhaltige Präparate. Sie lähmen zwar zuverlässig den gereizten Darm, können aber leicht süchtig machen und unterliegen deshalb auch den strengen Verordnungen für Betäubungsmittel. Zur Selbstbehandlung kommen sie also nicht in Frage.
Ein sehr beliebtes rezeptfreies Mittel ist die Kohle. Sie ist ein sogenanntes »Adsorbens«, das heißt, ein aufsaugendes Mittel. Als Arznei verwendet man sowohl feinst pulverisierte pflanzliche als auch tierische Kohle. Medizinalkohle ist in der Lage, Giftstoffe und Bakterien an seine Oberfläche zu binden. Dadurch wird die Aufnahme der krankmachenden Substanzen in die Blutbahn verhindert. Bei Bedarf nimmt man mehrmals täglich ein bis zwei Eßlöffel Kohlepulver oder -granulat oder zwei bis vier Kohletabletten mit Wasser ein.
Allerdings wird durch das Stopfmittel der schädliche, vergiftete Darminhalt gewaltsam im Körper zurückgehalten.

Aus naturheilkundlicher Sicht empfiehlt sich dagegen, die Selbsthilfemaßnahme des Körpers nicht zu unterbrechen. Die unvermeidliche Begleiterscheinung ist, daß der Organismus durch den anhaltenden Durchfall nicht nur Flüssigkeit, sondern auch Mineralstoffe verliert. So wird beispielsweise Natrium nur noch zu einem Bruchteil in den Kreislauf eingeschleust. Fehlt diese lebenswichtige Substanz, ist der Körper nicht mehr in der Lage, Wasser zu speichern, Stoffwechsel und Wärmeregulierung geraten durcheinander.
Eine der wichtigsten Maßnahmen ist es deshalb, den erlittenen Mineralstoff- und Flüssigkeitsmangel wettzumachen. Bewährt haben sich »Saccharose-

Elektrolyt-Trinklösungen«. Einfacher ausgedrückt handelt es sich um süße Limonade, die mit Kochsalz angereichert wird. Hilfreich sind zwei Cocktails, von denen abwechselnd getrunken wird.
Cocktail I: 0,2 Liter Orangensaft, Apfel- oder sonstigen Fruchtsaft mit einem halben Eßlöffel Honig oder Sirup und einer Prise Salz würzen.
Cocktail II: ein Glas Mineralwasser oder abgekochtes Wasser mit einem halben Eßlöffel Natron anrühren.
Hilfreich ist auch Karottensuppe, die alle erwünschten Heilstoffe enthält. Hier das Rezept: Ein halbes Kilo geschälte Möhren reiben, mit einem Viertelliter Wasser ein bis zwei Stunden weichkochen, durch ein Sieb geben und mit einem Liter Fleischbrühe auffüllen; mit Salz und einer Messerspitze Zucker abschmecken.
Die zweite unerläßliche Maßnahme ist Fasten. Ohnehin reagiert ja der Körper auf jeden Infekt mit Appetitlosigkeit. Auf diese Weise schont er alle Organe, die normalerweise für den Verdauungsprozeß Schwerarbeit leisten müssen – und beim Durchfall werden sie besonders strapaziert.
Untersuchungen an zwölf Millionen Touristen haben ergeben, daß übervorsichtige Reisende sogar noch häufiger von Reisedurchfällen geplagt werden als die etwas Sorgloseren – weil sie sich zu selten Erregerstämmen ausgesetzt haben, die letztendlich das Immunsystem aufbauen helfen! Jüngere Leute werden sogar leichter von den lästigen Kolibakterien heimgesucht, weil sie über ein weniger entwickeltes körpereigenes Abwehrsystem verfügen. Denn immer muß der Organismus gegen krankmachende Erreger

erst Immunstoffe bilden. Einheimische handeln sich beispielsweise im eigenen Land so gut wie nie einen Durchfall ein, weil sich ihr Körper längst auf die vorkommenden Keime eingestellt hat.
Gefeit ist keiner, aber wer in südlichen Ländern ein wenig Umsicht walten läßt, kann sich weitgehend gegen Reisedurchfälle schützen. Die krankmachenden Kolibakterien finden sich vor allem im Trinkwasser: Deshalb Hände weg vom Wasserhahn und losen Eiswürfeln an der Hotelbar (obwohl man in guten Hotels die Eiswürfel aus Mineralwasser herstellt).
Weitere Schutzmaßnahmen:

- vor jedem Essen die Hände mit Seife reinigen;
- Meeresfrüchte (Austern, Fische!) nur gekocht essen;
- Fleischgerichte nur gekocht oder gebraten essen;
- keine ungeschälten Früchte essen, bei kalten Buffets die offenen Salate (grüne Blattsalate!) ignorieren;
- auf offenes Speiseeis (Straßenverkäufer!) ganz verzichten.

Entzündungshemmende Mittel

Ein Pflanzentee bessert Halsentzündungen

Kaum zu glauben, aber in den Sommermonaten erkrankt immerhin noch jeder Fünfte an einer Halsentzündung!
Die Ursache dafür ist meist purer Leichtsinn; man gerät – zum Beispiel bei sportlicher Betätigung – ins Schwitzen, trocknet sich nicht ab, die Haut unterkühlt, die Abwehrkräfte werden herabgesetzt. Ähnliches passiert im Schwimmbad, wenn man die nasse Badehose nicht wechselt. Oder man schätzt das Wetter falsch ein, zieht sich einfach zu dünn an, gerät in Zugluft.
Mundhöhle und Rachenraum sind eine Art Biotop, in dem eine Vielzahl von Mikroorganismen leben. Dazu gehören sowohl unschädliche als auch krankheitserregende Keime. Normalerweise werden die »Angreifer« durch die Abwehrmechanismen des Körpers vertrieben. Erst wenn das Immunsystem geschwächt ist, kommt es zu Entzündungen im Mund- und Rachenraum.
Kratzen im Hals und Schluckbeschwerden sind die ersten Anzeichen dieser gesundheitlichen Störung, die ganz leicht in eine sehr schmerzhafte Mandelentzündung umschlagen kann (der Arzt spricht

dann von »Angina tonsillaris«). Manchmal steigt sogar die Körpertemperatur an.

Fiebersenkende chemische Medikamente sind aber nur in seltenen Fällen angebracht, weil sie das Immunsystem zusätzlich schwächen können.
Früher wurden bei einer Mandelentzündung sofort keimtötende Präparate, sogenannte Antibiotika und Sulfonamide, verordnet. Diese chemischen Substanzen töten die Erreger zwar zuverlässig ab, doch sie bergen in sich auch Gefahren. Werden sie nämlich nicht sehr gewissenhaft über einen bestimmten Zeitraum eingenommen, bekommen die Keime lediglich eine Art Boxhieb, der sie zu Boden schickt. Und wenn man die Medikamente vorzeitig absetzt, stehen die vermeintlich unschädlichen Erreger wieder auf. Durch solche Behandlungen können Bakterien sogar »resistent« werden, das heißt, das Arzneimittel kann ihnen gar nichts mehr anhaben, weil sie sich daran gewöhnt haben.

Bedenklich auch: Nur ein Drittel der Halsentzündungen ist bakteriell bedingt. Gegen Erkältungsviren richten Antibiotika, Sulfonamide oder auch das berühmte Penizillin gar nichts aus. Und schließlich: Die chemischen Bakterienkiller sind auch deshalb problematisch, weil sie die gesunde Bakterienflora – wir sprachen ja beispielsweise von einem »Biotop« in der Mundhöhle – sowohl im Bereich der Atemwege als auch im Darmtrakt mitvernichten. Und dies geht, wie gesagt, zu Lasten der körpereigenen Abwehrmechanismen.
Bei den ersten Anzeichen von Halschmerzen hat man

mit dem Kneipp'schen Halswickel ein vorzügliches Mittel, um dem möglichen Ausbruch einer Mandelentzündung noch Einhalt zu gebieten. Seine Wirkung hängt unter anderem davon ab, wie lange er angelegt wird. Wenn er dem Körper Wärme entziehen soll, muß er alle zwanzig Minuten gewechselt werden. Legt man ihn am Abend als »Feuerwehr« gegen eine Mandelentzündung an, kann der Wickel während der Nacht ohne weiteres umgelegt bleiben. Wenn er allerdings im Schlafe stört, sollte man ihn abnehmen. Mindestens ein bis zwei Stunden sollte der Wickel aber bereits gewirkt haben.

Zum anderen hat sich das Gurgeln zur Unterstützung der körpereigenen Abwehrmechanismen bestens bewährt. Fügen Sie dem Gurgelwasser ein paar Tropfen Kamillentinktur bei, oder bereiten Sie zum Gurgeln einen Tee aus Salbei und getrockneten Gänseblümchen. Diese Zusätze haben sich wegen ihrer schmerzlindernden, schleimlösenden und keimtötenden Wirkung bewährt. Auch ein Teelöffel Salz, in ein Glas Wasser eingerührt, ergibt eine ausgezeichnete bakterizide Gurgellösung.

Zur Behandlung von chronischen Rachenkatarrhen, lästiger Heiserkeit infolge langen Sprechens und Singens oder auch hartnäckigem Raucherhusten eignen sich dagegen besser solche Heilpflanzen, deren Wirksamkeit auf ihren Gehalt an Bitterstoffen zurückzuführen ist. Diese führen in der Mundschleimhaut zu einer Anregung der Speichelbildung, wodurch die Abwehrlage in der Mundhöhle auf natürliche Weise verbessert wird. Nützlich sind etwa das Tausendgüldenkraut oder die Enzianwurzel. Von den getrockneten

Kräutern bereitet man am besten eine Abkochung zu (zwei Teelöffel mit einem halben Liter Wasser zehn Minuten lang kochen), mit der bis zum Abklingen der Beschwerden zweistündlich gegurgelt wird.
Für die Gesunderhaltung der oberen Atemwege ist eine relative Luftfeuchtigkeit von 60 Prozent nötig. In Räumen, wo auch im Sommer die Klima-Anlage läuft, ist die prozentuale Luftfeuchtigkeit aber fast immer geringer. Dies führt dann dazu, daß die Schleimhäute zu sehr austrocknen. Mediziner sehen hierin die Ursache für die mangelnde Abwehrbereitschaft der Schleimhäute und das häufige Auftreten von Erkältungskrankheiten. Deshalb: Regelmäßiges Lüften und Zerstäuben von Wasser schützt vor Ansteckung! Auch das Aufhängen von feuchten Tüchern - vor allem beim Laufen einer Klimaanlage – schafft in diesem Sinne Abhilfe.

Kreislaufstärkende Mittel

Wassertreten und Trockenbürsten helfen bei niedrigem Blutdruck

Krankheiten und Leiden wirken sich häufig lebensverkürzend auf den Organismus aus – beim niedrigen Blutdruck ist eher das Gegenteil der Fall. Und obwohl ein zu niedriger Blutdruck (medizinisch spricht man von Hypotonie) im eigentlichen Sinne gar keine Krankheit ist, sind in der sogenannten Roten Liste (= Arzneimittelverzeichnis des Bundesverbandes der Pharmazeutischen Industrie) nahezu einhundert Präparate dagegen aufgeführt. Millionenfach werden chemische Medikamente gegen die Hypotonie verordnet.

Die gebräuchlichsten Arzneimittel enthalten den Wirkstoff Dihydroergotamin – er führt dazu, daß sich die Blutgefäße zusammenziehen; diese Reaktion wirkt kreislaufstabilisierend, weil der Blutdruck dadurch ansteigt. Die erzwungene organische Veränderung wird vom Körper allerdings nicht selten mit Übelkeit und Erbrechen, Herzbeschwerden, innerer Unruhe und Schlaflosigkeit quittiert.

Nach der Definition der Weltgesundheitsbehörde (WHO) liegen die normalen Blutdruckwerte bei 140/90. Bei Hypotonikern sind jedoch Werte von

90/60 oder 80/50 nicht selten. In den meisten Fällen ist der niedrige Blutdruck angeboren, die Blutgefäße haben von Natur aus einen zu weiten Durchmesser. Dadurch kann es im Gehirn zu einer Unterversorgung mit Sauerstoff kommen, die Nervenzellen der Hirnrinde reagieren ganz besonders empfindlich darauf. Im schlimmsten Fall kommt es, vor allem in schlecht gelüfteten Räumen, zur Ohnmacht. Dabei handelt es sich um eine Selbstschutzmaßnahme des Körpers, eine Reaktion auf den Sauerstoffmangel im Gehirn: Liegt man flach, kann das Blut ungehindert zum Gehirn zurückfließen.
Auch wenn unangenehme Kreislaufstörungen infolge des anlagebedingten Niederdrucks nicht wegzuleugnen sind, akzeptiert man deswegen aus naturheilkundlicher Sicht höchstens die Behandlung mit ungiftiger Pflanzenarznei oder nebenwirkungsfreien homöopathischen Mitteln. Denn in der Regel lassen sich die Beschwerden (sie reichen von Schwindelzuständen und Ohrensausen bis zu Ohnmachtsanfällen) durch natürliche Heilmaßnahmen, insbesondere physikalische Anwendungen, zuverlässig bessern.
So sollte jeder Hypotoniker beispielsweise die einfachen Erste-Hilfe-Übungen gegen einen drohenden Kollaps aus dem Effeff beherrschen: Man spannt Arm- und Beinmuskulatur mehrmals kräftig an, öffnet und streckt etwa zehnmal unter Anspannung die Hände. Allein dadurch wird bis zu einem halben Liter Blut zusätzlich in den Kreislauf gepumpt, das Gehirn mit mehr Sauerstoff versorgt. An der frischen Luft oder bei geöffnetem Fenster ist die Wirkung noch besser. Hilfreich ist es auch, wenn man sich bei

Schwindelzuständen hinlegt und die Beine an der Wand hochlagert.

Als regelmäßiges Kreislauftrainung eignen sich am besten die bewährten Kneipp'schen Wechselbäder, auch Duschen, Waschungen, Armbäder, Wassertreten oder Güsse. Bei der Wechseldusche soll das Wasser nicht auf die Haut prasseln, sondern den Körper »wie ein Mantel« umfließen. Man schraubt den Duschkopf ab und stellt den Wasserdruck schwach ein. Drei Minuten duscht man mit etwa 40 Grad warmem Wasser, dann höchstens zehn Sekunden kalt (15 Grad). Der Wechsel zwischen warm und kalt kann zwei- bis dreimal erfolgen, muß aber mit kalt abgeschlossen werden, damit der Kreislauf auf Touren kommt.

Man kann seinen Kreislauf auch stabilisieren, wenn man barfuß geht. Wer nicht daran gewöhnt ist, sollte mit höchstens drei bis fünf Minuten beginnen. Noch anregender wirkt der kräftigere Kältereiz beim Taulaufen, das man am besten in aller Frühe auf einer betauten Wiese unternimmt. Nach fünfminütigem Barfußgehen im feuchten Gras werden die Füße abgerubbelt, bis sie wieder warm sind.

Aber auch durch eine regelmäßige Gymnastik kann der niedrige Blutdruck günstig beeinflußt werden: Morgens sollte man durch Recken und Strecken und »Radfahren« im Bett den Kreislauf in Gang bringen. Empfehlenswert sind überdies kräftige Trockenbürstenmassagen, aber auch Saunabesuche. Hypotoniker sollen außerdem viel spazierengehen, die Treppen steigen, anstatt den Aufzug zu nehmen und nach Möglichkeit häufig schwimmen gehen.

Ein wenig läßt sich sogar diätetisch nachhelfen: Bei niedrigem Blutdruck darf man kräftig salzen – und, zu gegebener Zeit, auch ein anregendes Glas Sekt trinken.
So harmlos sie auch sein mag, bei Schwangeren muß die Hypotonie unbedingt ernst genommen werden! Denn neuere wissenschaftliche Studien haben gezeigt, daß der niedrige Blutdruck die Schwangerschaft und das ungeborene Kind gefährden kann: So ist bei Schwangeren mit einem niedrigen Blutdruck das Risiko einer Fehlgeburt dreimal höher als bei Schwangeren mit normalem Blutdruck. Auch die Gefahr von Frühgeburten, sogenannte Mangelgeburten mit unreifen und untergewichtigen Kindern, und das Risiko für Kaiserschnittgeburten ist deutlich größer.
Der Arzt wird entscheiden, ob Schwangere mit einem niedrigen Blutdruck medikamentös behandelt werden müssen.

Antidepressiva

Schlafentzug läßt Depressionen abklingen

Das Bundesgesundheitsamt hat in einer neuen Studie festgestellt, daß die Einnahme von Medikamenten gegen Depressionen bei jüngeren Erwachsenen, und zwar in der Altersgruppe von 25 bis 39 Jahren, in erschreckendem Maße zugenommen hat. Und: Frauen greifen dreimal häufiger zu den stimmungsaufhellenden Medikamenten als Männer. Wörtlich heißt es von den staatlichen Gesundheitsschützern in Berlin: »Ob der Verbrauch tatsächlich in diesem Umfang gerechtfertigt ist, bedarf ständiger kritischer Überprüfung, auch bei jedem einzelnen Patienten.« Experten schätzen, daß rund 20 Prozent der Patienten, die ihren Hausarzt aufsuchen, unter Depressionen leiden. Allein drei Millionen Bundesbürger befinden sich deswegen in ständiger Behandlung.
Die Anzahl der seelischen Ursachen, die krankhafte Schwermut auslösen können, ist gewaltig. Dazu gehören neurotische Fehlhaltungen, andauernde seelische Belastungen, oder ein schmerzliches Ereignis, etwa der Tod eines nahen Angehörigen; Ehekonflikte, Scheitern im Beruf, Liebeskummer, Vereinsamung, Krisen während der Schwangerschaft oder in den Wechseljahren – all das kann in die Depression füh-

ren. Zu den seelischen Symptomen wie innere Unruhe, Angstzuständen, Leeregefühl, Entschlußunfähigkeit und Niedergeschlagenheit können körperliche Beschwerden wie Schwindel, Herzrasen, Verstopfung, Atemnot, Impotenz und Menstruationsbeschwerden hinzukommen.

Die Depression (aus dem Lateinischen: »deprimere« = niederdrücken) hat viele Gesichter. Aber auch der medizinische Laie kann bereits im Frühstadium der Erkrankung Verhaltensweisen erkennen, die auf eine solche Erkrankung hindeuten: Der Patient kann sich nicht mehr freuen, verliert das Interesse an Hobbys und Sexualität; er fühlt sich einfach schlecht, ist traurig und weinerlich, seine Entscheidungskraft läßt nach; er kann sich nicht mehr konzentrieren, verliert das Selbstwertgefühl; nicht selten tragen sich depressive Patienten mit Selbstmordgedanken.

Frauen werden kurz nach einer Geburt fünfmal häufiger von Depressionen – Angstzuständen, Reizbarkeit, und Selbstmordgedanken – heimgesucht als in jeder anderen Lebenssituation. Studien belegen, daß diese sogenannte »post partum-Depression« vielfach falsch beurteilt und auch nicht behandelt wird. Daß eine Geburt für die Mutter Stimmungsschwankungen mit sich bringt, ist eine altbekannte Tatsache. Und ebenso selbstverständlich scheint die Zurückhaltung der Ärzte, jungen Müttern Antidepressiva zu verordnen. Häufig ist aber notwendig, die Mutter zu unterstützen und so eventuell negative Auswirkungen für sie selbst und ihre Familie zu vermeiden. Auf jeden Fall ist eine ausgeglichene seelische Verfassung während der Schwangerschaft der wichtigste Schutzfaktor.

Chemische Arzneimittel gegen Depressionen sind mit Vorsicht zu genießen. Ausgerechnet eines der leichtesten, das sogenannte Tryptophan, jahrelang sogar rezeptfrei, wurde jetzt vom Markt genommen: Bei Überdosierung wurden Blutbildveränderungen, Muskel- und Gelenkschmerzen, Atembeschwerden, Fieber und Hautreaktionen festgestellt. Dennoch: Wenn der Nervenarzt ein Antidepressivum verordnet, muß man es gewissenhaft und ausreichend lange einnehmen. Unangenehme Nebenwirkungen sind, verglichen mit einer oft bestehenden Selbstmordgefahr, das geringere Übel.

Mit natürlichen Maßnahmen und biologischer Arznei läßt sich die Therapie jedoch immer sinnvoll unterstützen. Grundsätzlich stabilisiert jede Aktivität. Vor allem aber müssen sich Angehörige die Zeit nehmen, um zuzuhören und dem Patienten zu helfen, seine Gefühle in Worte fassen zu können.
Auch eine einzige durchwachte Nacht kann depressive Verstimmungszustände bessern. Entweder bleibt der Patient die ganze Nacht wach (totaler Schlafentzug) oder man weckt ihn in der zweiten Nachthälfte auf, und hindert ihn dann am Wiedereinschlafen. Die Wirkung erklärt man sich so: Bei depressiven Menschen sind die sogenannten REM-Schlaf-Phasen gestört. REM-Phasen sind die Schlafabschnitte, in denen intensiv geträumt wird. Durch stimmungsaufhellende antidepressive Medikamente werden diese REM-Phasen unterdrückt. Ein Schlaf-

entzug bewirkt das gleiche, und die Tiefe der Depression nimmt ab.
In der Homöopathie findet Brom in Verbindung mit anderen Mineralsalzen seinen Einsatz. Brom hat eine beruhigende Wirkung und wurde früher sogar bei Anfallskranken eingesetzt. Bei depressiven Zuständen läßt man dreimal täglich eine Tablette »Kalium bromatum D 4« auf der Zunge zergehen.
Und dann bietet sich noch eine Kur mit Johanniskraut-Tee an! Einer der Inhaltsstoffe dieser nützlichen Arzneipflanze, das sogenannte Hypericin, hat nämlich antidepressive Eigenschaften. Allerdings hat Johanniskraut-Tee keine Sofortwirkung. Die Niedergeschlagenheit bessert sich erfahrungsgemäß frühestens nach zwei bis drei Wochen.

Anhang

Das ABC der grünen Medizin

Akne zählt zu den häufigsten Hauterkrankungen, rund sieben Millionen Bundesbürger zwischen dem zwölften und dem 25. Lebensjahr leiden an ihr. Sie bringt vorwiegend Jugendliche und junge Frauen bis an den Rand der Verzweiflung. Denn Mitesser, Pickel und eitrige Entzündungen mit Narbenbildung auf der Haut wirken auf Außenstehende abstoßend. Starke Arznei soll dann rasche und wirksame Hilfe verschaffen.
Die Naturheilkunde will von den sogenannten Antibiotika, die am häufigsten gegen die Pustelkrankheit verordnet werden, allerdings nichts wissen. Denn die keimtötenden Pillen können auch Magenbeschwerden verursachen, lästige Allergien auslösen, die Zähne wie bei einem Kettenraucher gelb färben und den Zahnschmelz beinahe wie Glas splittern lassen.
Da es keine Allheilmittel gibt, versucht die Naturmedizin, die Erkrankung an den erkennbaren Wurzeln zu fassen. Dazu gehört beispielsweise eine übermäßige Talgproduktion der Haut, die durch Streßzustände (Pubertät, Schule, Studium, Familie) eindeutig verschlimmert wird.
Entspannungsübungen sind deshalb in der natur-

heilkundlichen Behandlung nicht weniger wichtig als natürliche hautpflegende Maßnahmen.
Hautreinigung spielt eine große Rolle. »Waschaktive Substanzen« oder eine milde Reinigungsmilch sollten verwendet werden, denn herkömmliche Seifen zerstören den Säureschutzmantel der Haut.
Kopfdampfbäder haben in jedem Fall eine gute Wirkung. Mit einem Zusatz von Kamille entfalten sie heilende Eigenschaften. Für solch ein Bad übergießt man vier Kamillenteebeutel in einem Kochtopf mit fünf Liter kochendem Wasser, stellt den Topf auf einen Hocker, setzt sich davor und beugt den entkleideten Oberkörper darüber, Kopf und Oberkörper werden mit einem großen Handtuch so abgedeckt, daß kein Dampf entweichen kann. Nach acht- bis zehnminütigem Dampfbad wäscht man das Gesicht mit kaltem Wasser ab, und danach sollte man sich noch etwa eine halbe Stunde zum Nachruhen gemütlich ins Bett legen. Die Inhaltsstoffe der Kamille wirken wundheilungsfördernd, antibakteriell und regen den Hautstoffwechsel an.
Auflagen mit heißem Lehm oder Heilerdebrei, täglich eine halbe Stunde lang, sind ebenfalls von Nutzen; anschließend tupft man die Haut mit Kamillentee ab.
Akne wird häufig als »Stubenhocker-Krankheit« bezeichnet, denn viele Patienten trauen sich aufgrund ihres unvorteilhaften Aussehens schon nicht mehr auf die Straße. Doch Sonne, Luft, Regen, besonders aber die klimatischen Verhältnisse an der Nordsee oder im Hochgebirge, können die Akne bessern.
Richtige Ernährung ist für Akne-Patienten ganz besonders wichtig. Es steht fest, daß zuviel Zucker und

Salz, auch einseitige und zu fette Kost, Überernährung und Genußgifte wie Nikotin und Alkohol die Akne verschlechtern; sie sind also zu meiden. Günstig sind vitaminreiche Kost (vor allem die Vitamine A, E und C) und Knoblauch als pflanzliches Antibiotikum. Manuelle Lymphdrainage kann neben den physikalischen Maßnahmen als Alternativbehandlung ebenfalls von großem Nutzen sein. Nützlich sind auch heilungsfördernde Cremes, die Phytosterole enthalten. Dabei handelt es sich um pflanzliche Substanzen, die besonders hautfreundlich sind.

Appetitmangel läßt sich durch einen Brotaufstrich beheben – durch Schlehenmus. Ein Brot mit Schlehenmus regt die Produktion von Magensaft an. Hilfreich sind auch die Inhaltsstoffe des Tausendgüldenkrauts, einer sogenannten Bitterpflanze. Bei der typischen Magersucht junger Mädchen kann eine vierwöchige Teekur mit einer Mischung aus gleichen Teilen Tausendgüldenkraut, Schafgarbe und Pfefferminze Wunder wirken. Man gießt einen Teelöffel der Kräuter mit einer Tasse kochendem Wasser auf, läßt 15 Minuten ziehen und trinkt den lauwarmen Tee jeweils vor dem Essen.

Bandscheibenvorfälle sollten stets durch Röntgenaufnahmen oder die Computertomographie abgeklärt werden. Ärztlicher Rat ist grundsätzlich unverzichtbar. Vielfach heilen die Beschwerden freilich von selbst wieder aus, wenn man die notwendige Geduld aufbringt. Wegen der starken Schmerzen kommt man bei einem akuten Geschehen um die Bettruhe nicht herum. Je früher man mit Dehnübungen beginnt, desto besser. Die vom Orthopäden verordneten Behandlungen wie Kurzwelle oder Ultraschall, Unterwassermassage und gymnastische Übungen im warmen Wasser (kaltes Wasser ist Gift für den Rücken) lassen sich durch Eigenbehandlung zu Hause noch sinnvoll ergänzen. Hilfreich sind Einreibungen mit Bienengiftsalbe, das Auflegen von Heusack oder Fangopackung. Auch Vitamin E hat sich zur Behandlung von Bandscheibenleiden bewährt. Allerdings muß es über mehrere Wochen eingenommen und hoch dosiert werden.

Blasenkatarrh läßt sich erfolgreich mit einem Aufguß von Bärentraubenblättertee behandeln (höchstens drei Tassen täglich). Er ist das Heilkraut Nummer eins, wenn man unter dauerndem Harndrang und Schmerzen beim Wasserlassen leidet. Man muß aber unbedingt wissen, daß während einer Kur mit diesem Tee keine Fleisch- und Wurstwaren gegessen werden dürfen, sonst bleibt die Behandlung wirkungslos, denn die keimtötende Wirkung des im Bärentraubenblättertees enthaltenen Arbutin entfaltet sich nur in alkalischem Harn. Der Harn erreicht diesen Zustand nur durch rein pflanzliche Ernährung. Deshalb bevorzugt Gemüse und Salate essen! Und noch etwas: Das getrocknete Kraut muß mindestens eine halbe Stunde lang gekocht werden, weil sich das Arbutin nur langsam aus den lederartigen

Blättern löst. Grundsätzlich gilt: Zeigt sich binnen weniger Tage keine Besserung, ist ein Arzt aufzusuchen!

Bronchitis, eine Entzündung der Luftwege in den Lungen, ist immer mit einem unangenehmen Husten verbunden. Ein quälendes Gefühl unter dem Brustbein und ständiges Kratzen im Hals reizen zu an Bellen erinnernde Hustenanfälle, man fühlt sich matt, der Kopf dröhnt.
Mit einer Bronchitis bleibt man besser im Haus, denn am Arbeitsplatz oder in der Schule bringt man doch nichts Rechtes zuwege, stellt zum anderen eine Gefahr für seine Mitmenschen dar. Die Bronchitis ist nämlich hochansteckend – mit jeder neuen Hustenattacke werden die in die Luftwege eingedrungenen Bakterien oder Viren vieltausendfach durch die Luft gewirbelt.
Husten ist nichts anderes als eine Schutzfunktion des Organismus. Denn mit dem reflexartigen Ausstoßen von Luft versucht der Körper nicht nur den Schleim loszuwerden, der die Atmung behindert, sondern auch die Krankheitserreger. Diese Selbstheilungsmaßnahme soll eine naturheilkundliche Behandlung sinnvoll unterstützen. Der zähe Schleim beispielsweise, der in den Bronchien rasselt, läßt sich schon verflüssigen, wenn man ausreichend trinkt, etwa Mineralwasser. Besser als Mineralwasser wirkt eine Hustenteemischung aus der Apotheke. Auch eine Abkochung von kleingehackten Zwiebeln in Milch, mit Honig gesüßt, ist sehr hilfreich.

Um eine akute Bronchitis rasch zu bessern, sollte man sich alle vier Stunden einen kalten Brustwickel (bei chronischer Bronchitis heiß) anlegen lassen. Und so wird es richtig gemacht: Großes Leinentuch in kaltes Wasser tauchen, auswringen, von der Achselhöhle bis unterhalb der Rippenbögen straff wickeln, darüber ein Baumwolltuch und schließlich eine Wolldecke schlagen.
Schon wenige Minuten nach der kurzen Abkühlung erfolgt eine reflexartige Mehrdurchblutung des Brustraumes mit starker Wiedererwärmung. Die Maßnahme wirkt nicht nur fiebersenkend, schmerzlindernd, entzündungshemmend, sondern führt ebenfalls zu einer Verflüssigung des Sekrets in den Atemwegen.
Ein Hinweis, den man sich merken muß: Wenn der Patient friert und fröstelt, muß der kalte Wickel unbedingt unterbleiben. In diesem Fall sorgen ansteigende Fuß-, Sitz- oder Halbbäder, auch mit durchblutungsfördernden Zusätzen, für eine wohltuende Anregung des Kreislaufs und eine angenehme wohlige Erwärmung des ganzen Körpers.
Während einer Bronchitis, die im Herbst und Winter zu 90 Prozent von Erkältungsviren hervorgerufen wird, »frißt« der Körper buchstäblich soviel Vitamin C wie ein Dreilitermotor Sprit. Deshalb: Südfrüchte, Sanddorn- und Johannisbeersaft müssen stets für Vitamin-C-Nachschub sorgen. Sind Bakterien im Spiel (eitriger Auswurf), sind häufige Gaben von Meerrettich sehr nützlich – dieses pflanzliche Antibiotikum eignet sich vor allem zur Langzeitbehandlung, weil es eben keine unerwünschten Nebenwir-

kungen hervorruft, wie es etwa die meisten chemischen Bakterienkiller tun.
Kapuzinerkresse besitzt ganz ähnliche antibiotische Eigenschaften. Sträußchenweise kann man die Kresse auf jedem größeren Wochenmarkt kaufen. Sie schmeckt als Salat oder Würze in herzhaften Speisen.

Wenn der Husten länger als zwei Wochen andauert, sollte man einen Arzt aufsuchen. Denn eine chronische Bronchitis kann die empfindlichen Lungenbläschen in Mitleidenschaft ziehen, wodurch der Gasaustausch in der Lunge gestört wird.

Cholesterin – – grob gesagt: ein Blutfett – ist eine lebenswichtige Substanz. Sie wird deshalb zum einen ständig in der Leber produziert, zum anderen aber auch mit der Nahrung zugeführt. Dieses »Lipoid« ist Baumaterial für Zellen, Gehirn und Sexualhormone. Zuwenig davon kann, wie eine neue Großstudie vermuten läßt, Krebs verursachen. Zuviel davon verklebt und verengt dagegen die Blutgefäße. Und dies kann zum Herzinfarkt führen – jährlich sterben 46 500 Männer und 33 700 Frauen in der Bundesrepublik daran. Viel ist darüber geschrieben worden, und folgerichtig wächst die Angst vor dem »erhöhten Cholesterinspiegel«. Wissenschaftler fordern, daß zur optimalen Gesunderhaltung der Cholesteringehalt im Blut eines Erwachsenen 200 Milligramm pro Deziliter nicht übersteigen darf. Dem widersprechen jedoch andere Altersforscher. Sie meinen, daß die seit 30 Jahren gültige Faustregel für die Höhe des Fett-

spiegels im Blut nach wie vor ihre Berechtigung hat: »200 plus Lebensalter«. Grundsätzlich gilt, daß die Mechanismen des Körpers beim gesunden – und sich normal ernährenden Menschen – für die Einhaltung der Normalwerte sorgen.
Im Durchschnitt hat ein Bundesbürger einen Cholesterinwert von 230. Etwa zwei Drittel aller deutschen Frauen und Männer zwischen 30 und 60 Jahren haben höhere Werte – aber sind sie deshalb vielleicht alle krank? Die Empfehlung der »Deutschen Herzhilfe« dämmt die Cholesterinangst ein und zeigt einen durchaus gesunden Mittelweg: Danach sollten Werte zwischen 200 und 300 beobachtet und Werte unter 150 und über 300 behandelt werden.
In der Naturheilkunde rät man wegen der möglichen Nebenwirkungen (etwa Magen-Darm-Störungen, Gallensteinbildung, Potenzstörungen, Haarausfall) nur in schweren Fällen zur medikamentösen Therapie mit sogenannten Lipidsenkern. Denn fast immer lassen sich die entgleisten Cholesterinwerte durch gesunde Lebensführung wieder in den Griff bekommen.
Vernünftige Ernährung spielt dabei eine entscheidende Rolle. Tierisches Fett und fette Wurstwaren, Innereien, fette Milchprodukte wie Butter, Sahne, Käse, Mayonnaise, Remoulade, Schmalz, aber auch Eigelb lassen den Blutfettgehalt ansteigen und müssen bei überhöhtem Cholesteringehalt weitgehend gemieden werden. Pflanzenfette und -öle mit einem hohen Anteil an ungesättigten Fettsäuren senken dagegen den Cholesterinspiegel. Kohlenhydrate sollte man möglichst in Form von Obst, Gemüse und Voll-

kornprodukten zu sich nehmen. Mit Fischmahlzeiten von Lachs, Makrele oder Hering läßt sich auf denkbar einfache Weise vorbeugen. Viele Forschungsarbeiten belegen auch die cholesterinsenkende Eigenschaft von hohen Dosen Vitamin E.

Denken Sie aber bitte daran: Auch wenn die Erwachsenen cholesterinarme Kost essen sollten, müssen Kinder bis zum 20. Lebensjahr ausreichend mit Eiern, Milchspeisen und auch Fleisch und Wurst versorgt werden. Anderenfalls kann es geschehen, daß Kinder für die Cholesterinangst ihrer Eltern büßen müssen – Fehlernährung mit Vitaminmangelerscheinungen und Entwicklungsstörungen ist die Folge.

Bewegung tut not: Übergewicht provoziert erhöhte Cholesterinwerte – schon mit einem kurzen täglichen Bewegungsprogramm (Wandern, Schwimmen, Joggen) läßt sich vorbeugen.

Kneipptherapie baut auch Cholesterin ab, denn alle Stoffwechselstörungen lassen sich durch Wasseranwendungen – Güsse, Waschungen, Bäder – günstig beeinflussen. Auch Dampfbäder und Sauna regen den Stoffwechsel an und tragen zum Ausscheiden von Stoffwechselschlacken bei.

Colitis und **Morbus Crohn** sind zwei gefürchtete, entzündliche Darmleiden, von denen vorwiegend jüngere Frauen und Männer betroffen sind. Im akuten Stadium, wenn beispielsweise Darmblutungen auftreten, muß der Patient auf jeden Fall in ärztliche Behandlung, oft sogar ins Krankenhaus. Nicht selten müssen monatelang entzündungshemmende Medikamente eingenommen werden. Die oft unerträglichen Bauchschmerzen lassen sich durch feuchtheiße Kompressen, auch warme Heusäcke und Fangopackungen lindern. Ebenso bewährt haben sich ansteigende Sitzbäder (37 bis 39 Grad) mit Heublumen-Extrakt. Da seelischer Druck das quälende Leiden meist verschlimmert, sollten Darmpatienten immer eine Entspannungsmethode wie das autogene Training oder Yoga erlernen. Innere Ausgeglichenheit trägt ganz erheblich zur Genesung bei.

Colon irritabile, der gereizte Grimmdarm, zeigt sich durch ständige Leibschmerzen mit Blähungen, Durchfall und Verstopfungen an. Doch er ist keine organische Erkrankung im eigentlichen Sinn – deshalb aber nicht weniger quälend. Die Naturmedizin empfiehlt die »innere Darmmassage«. Sie ist eine ausgezeichnete Selbstanwendung, um den Bauchraum kräftig zu durchbluten und damit die Beschwerden eines »Reizdarms« zu lindern. So macht man es richtig: Mehrmals tief durchatmen, dann ausatmen und ruckartig zehn- bis zwanzigmal die Bauchdecke einziehen. Auch das sogenannte Bauchschnellen trägt zum Wohlbefinden bei. Dabei preßt man die Bauchdecke rasch nach vorn und entspannt sie wieder.

Depressionen machen rund zwei Millionen Bundesbürgern zu schaffen. An folgenden Merkmalen läßt sich die Erkrankung erkennen: Der Patient kann sich

nicht mehr freuen, mag sich selbst nicht mehr; das Interesse an Hobbys und Sexualität geht verloren; er kann sich nur schwer entscheiden. Traurigkeit überkommt ihn, und oft weiß er aus seinen unerklärlichen Verstimmungszuständen nicht mehr herauszukommen, er trägt sich mit Selbstmordgedanken; Schlafstörungen sind chronisch.
Grundsätzlich stabilisiert jede Aktivität. Angehörige müssen sich Zeit nehmen, um zuzuhören und den Patienten ermutigen, seine Gefühle in Worte zu fassen.
Mutter Natur liefert uns ein sehr hilfreiches Heilmittel, das Johanniskraut. Seine Inhaltsstoffe wirken aufhellend und machen fröhlich, allerdings nicht von heute auf morgen. Man macht deshalb am besten eine Tee-Kur von vier Wochen, damit sich der gesundheitliche Zustand schonend stabilisiert. Für eine Tasse Tee überbrüht man einen Teelöffel des getrockneten Johanniskrautes mit heißem Wasser und läßt den Aufguß sieben Minuten lang ziehen. Nach dem Abseihen wird der Tee morgens nüchtern und abends vor dem Schlafengehen getrunken. (Siehe auch Seite 84.)

Diabetes, die Zuckerkrankheit, läßt sich in vielen Fällen durch Gewichtsreduktion, Zuckerverzicht und strenge Diät beherrschen. Dabei werden vor allem die Kohlenhydrate, die von der Leber in Blutzucker umgewandelt werden, genau dem Bedarf angepaßt. Um der Bauchspeicheldrüse die Produktion von zukkersenkendem Insulin zu erleichtern, müssen die

Kohlenhydrate (in der Diabetikerbehandlung spricht man von Broteinheiten) in mehreren kleineren Portionen über den Tag verteilt gegessen werden. Je nach Konstitution des Zuckerkranken wird man ihm 15 bis 20 Broteinheiten (= BE; eine BE entspricht etwa einer halben Scheibe Vollkornbrot von 25 Gramm) pro Tag gestatten. Grundsätzlich gilt: Fünf bis sechs kleine Mahlzeiten am Tag sind besser als drei große. (Siehe auch Seite 41.)

Durchblutungsstörungen zeigen sich häufig durch kalte Hände und Füße. Aber auch so unangenehme und lästige Symptome wie Taubheitsgefühl und Kribbeln in den Fingern und Zehen beunruhigen den Patienten. Doch zum Arztbesuch entschließen sich die meisten erst dann, wenn Fußschmerzen und krampfartiges Ziehen in den Oberschenkeln und Waden beim Gehen hinzukommen. Ursache sind verstopfte und durch Ablagerungen an den Innenwänden erstarrte Gefäße, den Arterien, durch die das Blut nicht mehr hindurchkommt. Dieses Blut aber benötigen die Muskeln, um funktionsfähig zu sein: Der von den roten Blutkörperchen gleichsam huckepack transportierte Sauerstoff ist ihr »Treibstoff«. Dies erklärt auch die Tatsache, daß Schmerz und Ziehen in den Beinen aufhören, sobald der von arteriellen Durchblutungsstörungen betroffene Patient stehen bleibt: Die Muskeln brauchen in Ruhe keinen oder nur minimale Mengen von »Treibstoff«.
Kalte Wasseranwendungen sind ein sehr bewährtes Mittel, um die Blutgefäße wieder elastischer zu ma-

chen. Adern sind nicht – wie beispielsweise die Muskulatur – unserem Willen unterworfen. Auf den Kältereiz hin ziehen sich die Adern aber ruckartig zusammen. Und durch die nachfolgende reflektorische Wiedererwärmung dehnen sie sich aus – ein sinnvolleres Gefäßtraining gibt es nicht.
Wassertreten gehört zu den einfachsten Anwendungen aus dem Kneipp-Katalog. Trainieren können Sie Ihre Blutgefäße überall, wo es kaltes Wasser gibt: An der See, am seichten Flußufer, in speziellen Wassertretbecken und natürlich auch in der Badewanne. Und so wird's gemacht: Lassen Sie zunächst kaltes Wasser wadenhoch in die Wanne ein. Marschieren Sie dann mit bloßen Füßen durch das Wasser, wobei Sie die Füße abwechselnd bei jedem Schritt ganz aus dem Wasser herausheben und dann wieder hineinsetzen. Je nach Verträglichkeit kann das Wassertreten bis zu zwei Minuten dauern. Die natürlichen Heilreize werden durch einen Wechselknieguß oder durch einen einfachen kalten Knieguß noch erhöht. Wenn Sie es morgens durchführen, trocknen Sie sich anschließend die Füße ab und ziehen warme Strümpfe an. Eine schlaffördernde Wirkung erzielt man, wenn man nach dem Wassertreten am Abend mit feuchten Füßen rasch ins Bett steigt.
Intervalltraining nützt gleichfalls gegen Durchblutungsstörungen. Ermitteln Sie zunächst ihre kritische Gehstrecke. Treten die Beschwerden etwa nach 200 Metern auf, muß die Intervallstrecke unbedingt kürzer sein. Man geht beispielsweise 150 Meter beschwerdefrei, pausiert dann zwei Minuten, damit die Gefäße das Sauerstoffangebot nützen können, und

geht dann weiter. Das macht man mindestens eine Viertelstunde lang, und zwar drei- bis viermal täglich.
Zwiebeln lassen das Blut schneller fließen und normalisieren vor allem erhöhte Blutfettwerte. Man könnte jeweils vor den Mahlzeiten einen Eßlöffel gehackter Zwiebeln essen, was gewiß nicht jedermanns Sache ist. Hilfreicher sind Kapseln mit Zwiebelölmazerat aus der Apotheke.
Kräutertee aus einer Mischung von je 15 Gramm Mistel und Rautenkraut, je 200 Gramm Weißdorn und Ackerschachtelhalm, sowie zehn Gramm Hirtentäschelkraut ist ebenfalls hilfreich, muß aber mindestens vier Wochen lang getrunken werden (morgens nüchtern und abends vorm Schlafen eine Tasse trinken).
Rauchen ist absolut verboten; das Nikotin verengt die Schlagadern noch mehr (nicht umsonst spricht man im Endzustand, wenn es bereits zu Gewebsverfall kommt, vom »Raucherbein«). Mit einer Ernährung, die hauptsächlich aus Rohkost, Gemüse, Kartoffeln und pflanzlichen Fetten mit einem hohen Anteil an ungesättigten Fettsäuren besteht, können Sie die weitere Ablagerung von Schadstoffen an den Innenwänden der Blutgefäße verhindern helfen.

Eisenmangel ruft Müdigkeit, Konzentrationsschwäche, Kopfschmerzen und Schwindel hervor. Nach Erhebungen der Weltgesundheitsbehörde leidet bereits jede zweite Frau darunter. Sättigende Füllstoffe, die oft bei Schlankheitskuren gegessen werden, hemmen die Eisenaufnahme aus anderen Nahrungsmitteln. Rindfleisch, Kalbsschnitzel, Vollkornbrot, Kohl, Petersilie, Sojabohnen, Aprikosen, Nüsse, Rosinen, Austern, Kaviar sind besonders eisenhaltig. Die Eisenaufnahme erhöht sich, wenn gleichzeitig Vitamin C eingenommen wird oder Vitamin-C-haltige Fruchtsäfte getrunken werden. Bei den typischen Symptomen darf man ohne weiteres ein rezeptfreies Eisenpräparat aus der Apotheke einnehmen. Bessern sich die Beschwerden jedoch nach vier bis fünf Wochen nicht, sollte man allerdings einen Arzt aufsuchen. (Siehe auch Seite 45.)

Entzündungen haben vier typische Merkmale: Schmerz, Hitze, Rötung und Schwellung. Das natürlichste Heilmittel ist Kälte – kaltes Wasser, ein feuchtkalter Umschlag oder sogar Eiswürfel. Warme Anwendungen sind verboten, sie würden die Entzündung noch stärker anfachen. Kältereize dagegen senken die Temperatur von Haut und Blut und verringern die Nervenleitgeschwindigkeit. Dadurch werden die Schmerzen spürbar gelindert. Eine angenehme und hilfreiche Anwendung bei Gelenkentzündungen ist ein salzhaltiger Quarkwickel (ein Teelöffel Salz auf ein halbes Pfund Quark). Der Quarkwickel erwärmt sich nicht so schnell wie ein nasses Tuch und entzieht dem Gelenk zusätzlich Gewebsflüssigkeit. Die Folge: Die Schwellung geht zurück, der Schmerz läßt nach.

Erkältungen gehören zu den häufigsten Erkrankungen überhaupt; fast 90 Prozent aller Erwachsenen stecken sich ein- bis zweimal pro Jahr mit Schnupfen an. Und der ist die unangenehmste Begleiterscheinung einer Erkältung – eine rekordträchtige dazu: Es gibt mehr als hundert verschiedene Schnupfenviren. Von denen läßt ein einziger Nieser Millionen durch die Luft fliegen. Kein Wunder, daß man sich da nur zu leicht infiziert, zum Beispiel schon dann, wenn man auf dem Weg zum Arbeitsplatz öffentliche Verkehrsmittel benutzt.

In den meisten Büros, vor allem wenn sie klimatisiert sind, ist die Luft besonders schnupfenträchtig. Denn in warmer, trockener Luft gedeihen die Viren prächtig, bei höherer Luftfeuchtigkeit werden sie dagegen wirkungslos. An den meisten Heizkörpern hängen zwar Wasserverdunster, doch zum einen sind sie fast immer leer und zum anderen leisten sie auch zuwenig. Was also tun, um vorzubeugen und gegebenenfalls zu kurieren?

Wasserzerstäuber, wie man sie zur Blumenpflege benutzt, bieten einen wesentlich wirksameren Schutz als Verdunster; man darf jedoch nicht vergessen, damit alle zwei bis drei Stunden die Räume zu feuchten.

Händewaschen ist in Schnupfenzeiten besonders ratsam. Auf der Haut halten sich Schnupfenviren, die etwa bei einem Händedruck übertragen werden, stundenlang. Es ist auch nützlich, sie ab und zu mit einem Erfrischungstüchlein abzureiben.

Nasentropfen aus der Apotheke lehnt man in der naturheilkundlichen Behandlung ab. Denn wer sich längere Zeit mit Nasentropfen behandelt, muß damit

rechnen, daß die Nasenschleimhaut austrocknet und dauerhaft geschädigt wird.
Fiebersenkende Mittel erhöhen die Anzahl der Viren in der Nasenschleimhaut erheblich. Denn Fieber ist die stärkste körpereigene Waffe, um mit den Erregern fertig zu werden.
Heißen Getränken gibt man aus diesem Grund den Vorzug, um den Körper schonend zu erwärmen. Grog oder Glühwein gehören beispielsweise zu den beliebtesten Hausmitteln gegen eine beginnende Erkältung. Damit erzielt man zwar eine schweißtreibende Wirkung – doch Alkohol lähmt gleichzeitig die Abwehrzellen. Von dieser »Medizin« ist deshalb abzuraten.
Alkoholfreie Anti-Grippe-Drinks enthalten Inhaltsstoffe von bewährten Arzneipflanzen. Ein Thymiantee desinfiziert und beruhigt die Atemwege. Holunderblütentee wirkt schweißtreibend und lindert Entzündungen der Atemwege. Holunderbeerensaft (füllen Sie ein viertel Glas unverdünnten Holunderbeersaft mit Wasser auf, süßen Sie mit einem Teelöffel Bienenhonig, und geben Sie zwei Gewürznelken hinzu), Sanddornbeerensaft, Orangen- und Zitronensaft sind reich an Vitamin C und stärken dadurch die Abwehrkräfte. Sie dürfen jedoch nicht über Körpertemperatur erwärmt werden, da Vitamin C sonst zerstört wird. Auch heiße Milch mit Honig darf übrigens nicht über 40 Grad erhitzt werden.
Schwitzkuren mit heißen Vollbädern und heißen Packungen seien nur robusten Naturen empfohlen. Sie können den Kreislauf nämlich stark belasten.

Weitere Tips, wie man Schnupfen rasch wieder loswird:
Wasserschnauben, einmal rechts, einmal links, in jedes Nasenloch, lindert hartnäckigen Fließschnupfen.
Inhalieren von Wasserdampf löst das Nasensekret und erleichtert die Atmung besonders wirkungsvoll.

Fieber ist für die meisten Menschen eine beunruhigende Angelegenheit. Denn die erhöhte Temperatur signalisiert ja, daß Krankheitserreger in den Organismus eingedrungen sind, mit denen sich die Abwehrkräfte des Körpers nun auseinandersetzen müssen. Fieber hält Bakterien und Viren in Schach – je höher die Temperatur ansteigt, desto weniger haben die Erreger eine Chance. Naturmediziner sprechen deshalb auch vielfach von »Heilfieber«.
Kinder neigen eher zu Fieber, weil ihr Abwehrsystem noch nicht so ausgeprägt ist wie das eines Erwachsenen. Dennoch ängstigen sich die meisten Eltern, wenn ihre Kleinen fiebern – und so heilsam das Fieber aus naturkundlicher Sicht auch ist, man sollte trotzdem immer einen Kinderarzt rufen, damit er die Ursache aufklären kann. Auf jeden Fall ist es günstig und kann einen selbst beruhigen, wenn man die Fiebertemperatur richtig einzuschätzen weiß. In der Achselhöhle gemessen spricht man unter 36,4 Grad von Untertemperatur, bei 36,8 Grad von normaler Temperatur, bis 38,5 Grad von mäßigem Fieber, über 39 Grad von hohem Fieber, über 40,5 Grad von sehr hohem Fieber.

Im allgemeinen wird heute empfohlen, erst ab 40 Grad fiebersenkende Mittel anzuwenden. Denn erst ab 40,5 Grad kann Fieber gefährlich werden. Ausnahmen bestehen nur bei Kindern unter drei Jahren, die nicht selten zu Fieberkrämpfen neigen, bei Patienten mit starker Unruhe und Bewußtseinsstörungen sowie bei Herzkranken. Jeder aber reagiert unterschiedlich auf Fieber. Im Zweifelsfall ist es also nie verkehrt, sich an einen Arzt zu wenden. Und sollte es notwendig werden, das Fieber in Schach zu halten, kann auf altbewährte Wasseranwendungen zurückgegriffen werden. Sie gehören zu den wirksamsten Methoden der Fieberbekämpfung. Besonders wirksam ist der kalte Wadenwickel, der von den Fußknöcheln bis in die Kniekehle reichen muß. Und so legt man ihn an: Ein Leinenhandtuch wird zur Hälfte ins Wasser getaucht und ausgewrungen; die feuchte Seite wickelt man nun über die Beine und schlägt dann die trockene Hälfte darüber. Grundsätzlich sollen beide Waden gewickelt werden; man darf sich die Anwendung erleichtern, indem man mit entsprechend großen Tüchern gleich beide Beine auf einmal wickelt. Der Wadenwickel muß viertelstündlich gewechselt werden.

Auch kühle Serienwaschungen einzelner Körperteile oder des Unter- und Oberkörpers haben sich zur Fiebersenkung bewährt. Nehmen Sie dazu ein poröses Leinenhandtuch, falten Sie es zu einem kleinen Päckchen und waschen Sie den Patienten ohne Druck, aber rasch im Bett ab. Decken Sie ihn anschließend sofort wieder zu, damit er nicht zu frösteln beginnt. Ein Schwamm ist für die Körperwaschung des Fie-

bernden ungeeignet, weil er die Hautabsonderungen nicht aufnimmt. Will man gleichzeitig mit der Waschung für eine anregende Erfrischung sorgen, so setzt man dem Wasser ein Drittel Weinessig zu. Homöopathische Mittel, insbesondere »Ferrum phosphoricum-D6«-Tabletten, eignen sich besser zur Fiebersenkung als chemische fiebersenkende Medikamente (wenn nicht aus zwingenden Gründen verordnet). Ferrum phosphoricum oder phosphorsaures Eisen eignet sich aber zur Behandlung sämtlicher fieberhafter Zustände. Der Patient läßt stündlich eine Tablette davon auf der Zunge zergehen. Ferrum phosphoricum unterdrückt das Fieber nicht, sondern es stärkt durch die Zufuhr von Eisen und Sauerstoff die Abwehrkräfte, so daß sich der Organismus selbst helfen kann. Dadurch wird die Krankheitsdauer abgekürzt. In Grippezeiten sollte man Ferrum phosphoricum vorbeugend einnehmen.
Auf den Beginn des Fiebers reagiert der Organismus mit verminderter Hautdurchblutung (Schüttelfrost) und einer erheblichen Stoffwechselsteigerung (pro Grad Fieber um etwa zehn Prozent). Kommt es zum Schweißausbruch, gibt der Körper bereits wieder Wärme ab. Reichliches Trinken ist jetzt wichtig, denn mit dem Schweiß verliert der Organismus viel Flüssigkeit. Vitaminhaltige Fruchtsäfte und Mineralwasser gleichen die Verluste aus.
Fasten unterstützt den Heilungsprozeß, weil Kreislauf und Organe dann von der Verdauungsarbeit entlastet werden und sich ganz den Abwehrvorgängen widmen können.

Furunkel entstehen meist durch Kratzen: Eitererreger dringen dabei in die Haut ein und führen zur Entzündung eines Haarbalgs. Um Schmerzen und Schwellung im Bereich der Entzündung rasch wieder loszuwerden, empfehlen sich Teilbäder mit Kaliumpermanganat (aber nur ein Körnchen auf ein Glas Wasser!) oder auch mit einem Kamillenblütenaufguß – beide wirken antibakteriell und entzündungshemmend.

Gallenbeschwerden können sehr unterschiedliche Ursachen haben - fast immer kommt es aber zu einer verminderten Absonderung von Gallensaft in den Dünndarm, wodurch die Fettverdauung gestört wird. Die unangenehmen Begleiterscheinungen sind ein unbestimmter Druck im rechten Oberbauch, Völlegefühl und Aufstoßen, ein pappiger, bitterer Geschmack im Mund und nicht selten Brechreiz. Normalerweise produziert die Leber etwa eineinhalb Liter Gallenflüssigkeit täglich, die in der Gallenblase eingedickt und aufbewahrt wird. Sobald wir Fett verzehren, steuert unser Organismus automatisch den scharfen Gallensaft hinzu, um es aufzulösen. Geschieht dies nicht oder nur unzureichend, stellen sich die typischen Gallenbeschwerden ein.
Arzneipflanzen haben sich in der Naturheilkunde besonders bewährt, um diese gesundheitliche Störung zu beheben. Den meisten Nutzen bringt dabei der Löwenzahntee, wenn man ihn kurmäßig über vier Wochen hinweg trinkt. Bei Arzneimittelversuchen wird die Wirkung seiner Inhaltsstoffe deutlich: Nach

einer intravenösen Injektion von Löwenzahnextrakt produziert die Leber bis zu viermal mehr Gallensaft! Bei Entzündungen der Gallenwege oder bei Gallensaftstauung, insbesondere aber bei der Veranlagung zur Gallensteinbildung, ist der Löwenzahn ein Heilmittel erster Güte. Wer zu Gallensteinen neigt, sollte regelmäßig im Frühjahr und im Herbst vorbeugend eine Kur mit Löwenzahntee machen. Für einen Heiltee übergießt man ein bis zwei Teelöffel des getrockneten Krautes (samt Wurzeln) mit kochendem Wasser; der Aufguß muß zehn Minuten stehen, wird dann abgeseiht und zweimal täglich warm getrunken.

Rettichsaft, vor allem frisch ausgepreßter, hat sich nicht weniger bewährt, um Gallenstauungen und Entzündungen im Bereich der Gallenwege abklingen zu lassen. Die Saftkur kann sechs bis acht Wochen dauern. Man beginnt mit einer halben Tasse Saft, steigert diese Tagesration in den ersten drei Wochen bis auf zwei Tassen und trinkt in der zweiten Hälfte der Kur wieder abnehmende Mengen bis auf eine halbe Tasse. Danach empfiehlt es sich, noch weitere zwei Wochen dreimal wöchentlich eine halbe Tasse Rettichsaft zu trinken. Seine Inhaltsstoffe regen die Galle so stark an, daß sich beim »Durchleuchten« beobachten läßt, wie sich die Gallenblase nach dem Genuß von Rettichsaft ruckartig zusammenzieht.

Meerrettich, zu gleichen Teilen mit Essig und Honig vermischt (je ein Eßlöffel voll), gilt in der Volksheilkunde als mögliches Mittel, Gallensteine aufzulösen. Der Brei soll täglich einmal auf nüchternen Magen eingenommen werden.

Fehlernährung ist aus naturheilkundlicher Sicht die Hauptursache dafür, daß die Leber keine vollwertige Galle produziert und somit die Voraussetzung für die Steinbildung schafft (der Stein bildet sich aus verhärteter Gallenflüssigkeit, die mit abgestorbenen Zellen, Eiter und Schleim vermischt ist). Wer Gallenprobleme dieser Art hat, sollte möglichst naturbelassene Kost mit einem hohen Anteil an Ballaststoffen und mehrfach ungesättigten Fettsäuren (Pflanzenfette) bevorzugen. Fettes Fleisch, fette Soßen, Schmalzgebackenes, Frittiertes usw. sind zu meiden. Stellen sich Gallenkoliken ein, sollte man besser fasten. Einen günstigen »Durchspülungseffekt« erzielt man dabei mit heißem Karlsbader Wasser und Pfefferminztee.

Das heiße Halbbad, das gerade bis zum Bauchnabel reicht, ist die beste Soforthilfe, wenn die Galle zwickt. Die wohltuende Wärme entspannt die gesamten Unterleibsorgane und löst auch die Verkrampfung im Gallenbereich. Grundsätzlich sollte man sich die Faustregel merken: Je heißer die Temperatur des Badewassers, desto kürzer die Anwendung! Ingesamt setzt man für die Badedauer höchstens zehn bis zwölf Minuten an. Das heiße Heilbad beginnt bei 39 Grad und darf bis auf 45 Grad ansteigen.

Gerstenkorn nennt man eine schmerzhaft-eitrige Entzündung am Augenlid, meist am Lidrand. Man darf das Gerstenkorn nicht zu früh öffnen, sondern muß es immer ausreifen lassen. Schmerzlindernd wirken feuchtwarme Auflagen, beispielsweise mit einem warmen Kamillensäckchen oder aber mit der Ecke des Heizkissens. Überdies sind Augenbäder mit Kamillentee oder einfach das Auflegen eines warmen Fertigteebeutels hilfreich. Wenn Gerstenkörner häufiger auftreten, sollte man sich einmal gründlich untersuchen lassen – manchmal steckt eine noch nicht erkannte Zuckerkrankheit dahinter.

Gicht beginnt in den meisten Fällen am Gelenk der großen Zehe: Es schwillt an, rötet sich, und schmerzt entsetzlich. Gicht ist zwar erblich, bricht in der Regel aber nur dann aus, wenn man sich falsch ernährt. Besonders gefährlich sind alkoholische Getränke (wie Sekt, Burgunderwein, Sherry, Bier) und Nahrungsmittel wie Innereien (Leber, Niere, Hirn), aber auch fettes Fleisch und einige Fischsorten (wie Ölsardinen, Sprotten und Sardellen): Sie alle enthalten das sogenannte Purin, das vom Organismus in Harnsäure umgewandelt wird. Ein Überschuß dieser Säure sammelt sich in Form von winzigen, aber messerscharfen, spitzen Kristallen vorwiegend an Gelenken – das ist es, was Gichtpatienten zu schaffen macht. Denn Gichtknoten, Gelenkentzündungen und Nierensteine sind die fatale Folge. In leichteren Fällen beobachten die Mediziner auch chronische Gelenkschmerzen oder Sehnenreizungen.
Gicht ist also eine Krankheit, die durch eine Erhöhung des Stoffwechselprodukts Harnsäure im Blut entsteht. Sie ist darüber hinaus aber auch das typische Beispiel einer Zivilisationskrankheit, die von zu viel gutem Essen oder von falscher Ernährung her-

rührt. Wer über 3000 Kalorien am Tag verzehrt, produziert auf jeden Fall zuviel Harnsäure. Eine gewisse Veranlagung zur übermäßigen Harnsäurebildung kann zwar angeboren sein, meist kommen Gichtbeschwerden aber erst zum Vorschein, wenn Übergewicht besteht und jahrelang das Falsche gegessen wird. Um dem zu entgehen, müssen die Fleischportionen reduziert, überflüssige Pfunde abgespeckt werden, und auf Alkohol ist weitgehend zu verzichten. Außerdem sollte man ausreichend trinken: Wasser, Mineralwasser, Frucht- und Gemüsesäfte, Obstsaft-Schorlen, Trinkmolke, Tee und Kaffee – sie regen die Nieren zur Harnsäureausscheidung an.

Haarausfall ist häufig erblich bedingt, kann aber auch auf Fehlernährung, Mißbrauch von Medikamenten, hormonelle Fehlsteuerung oder seelische Erschütterung zurückzuführen sein. Wenn mehr als 50 Haare pro Tag ausfallen, sollte eine Kur mit Mineralstofftabletten ein mögliches Mineralien-Defizit ausgleichen. In der Homöopathie rät man zu »Rallium-D-12«-Tabletten (morgens und abends eine Tablette auf der Zunge zergehen lassen). Von den biochemischen Hausmitteln haben sich am besten Kaliumphosphoricum-Tabletten (dreimal täglich) bewährt. Unterstützen läßt sich die Therapie mit Hirseflocken (Brei, Müsli, Grütze usw.), die reichlich den Haarbaustein Kieselsäure und nervenstärkende B-Vitamine enthalten.

Herzkrämpfe stellen sich oft wie aus heiterem Himmel ein. Die starken Schmerzen in der linken Brust rufen mitunter Todesängste hervor. Und doch ist das anfallsweise Herzleiden – der Arzt spricht von Angina pectoris (lateinisch = Enge der Brust) – selten lebensgefährlich.
Häufigste Ursache der Angina pectoris sind Veränderungen in Gefäßen, die den Herzmuskel mit Blut versorgen. Patienten, die ihre Krankheit genau kennen, sind meist in der Lage, sich mit einem krampflösenden Medikament zu helfen. In der Regel sollte bei einem Herzanfall aber ein Arzt hinzugezogen werden – nur er kann die Angina-pectoris-Beschwerden von einem Herzinfarkt unterscheiden.
Falsche Lebensgewohnheiten fördern die Krankheit entscheidend. Bei den Risikofaktoren steht das Rauchen an erster Stelle, es folgen Bluthochdruck, hohe Blutfettwerte, Übergewicht, falsche Ernährung, hohe Harnsäurewerte, Bewegungsmangel, Diabetes und Streß. Bis der Arzt kommt, läßt sich häufig der Herzkrampf lösen, wenn man die Füße in möglichst heißes Wasser steckt (reflektorisch kommt es zu einer Entspannung und Mehrdurchblutung der Herzmuskulatur).
Wasseranwendungen, denkbar einfach vorzunehmen, eignen sich vor allem bei den nervösen Herzanfällen, bei denen starke Medikamente fehl am Platze sind. So lassen sich die Herzkranzgefäße und die Herzmuskulatur, besonders aber ihre vegetative Steuerung, durch ansteigende Armbäder ausgezeichnet trainieren. Dabei wird am besten das rechtsseitige temperaturansteigende Armbad vertragen: Man

legt den rechten Unterarm bis zum Ellenbogen in ein Handwaschbecken mit 30 Grad kühlem Wasser und läßt ganz langsam heißes Wasser hinzulaufen, bis die Temperatur auf 40 Grad geklettert ist. Korrekt soll die Wassertemperatur pro Minute um ein Grad ansteigen und die Anwendung nicht länger als 15 Minuten dauern (zwei- bis dreimal wöchentlich am Spätnachmittag).

Ausdauertraining ist vor allem für ältere Menschen geeignet, um schonend die Herz-Kreislauf-Leistung aufzubauen. Man beginnt beispielsweise mit einer Gehstrecke von 1,5 Kilometern, die in zwanzig Minuten zurückgelegt wird. In Abständen von 15 Tagen werden Gehstrecke und Tempo dann ganz allmählich gesteigert, bis man nach einem guten halben Jahr eine Strecke von fünf Kilometern in 40 Minuten schafft. Stellen sich unterwegs Unregelmäßigkeiten im Herzrhythmus oder Brustkrämpfe ein, muß man das Training natürlich abbrechen. Der Arzt wird entscheiden, wann man weitermachen darf.

Ernährungsvorschriften gibt es vor allem dann, wenn der Angina-pectoris-Patient Übergewicht hat. Die kalorienarme Kost sollte, besonders bei hohen Cholesterinwerten, auch fettarm sein. Überdies gilt: Nur jeden zweiten Tag Fleisch, viel frisches Obst und Gemüse essen, sparsam salzen. Ein wenig Alkohol, etwa ein Glas Wein am Abend, kann nicht schaden, wirkt oft sogar wie ein entspannendes Medikament. Nikotin ist dagegen wegen seiner gefäßverengenden Wirkung streng verboten.

Weißdorn-Tee und Weißdorn-Saft sind von den pflanzlichen Zubereitungen am besten geeignet, um die anfallsweisen Herzbeschwerden zu lindern. Die sogenannten Flavone und Flavonoide des Weißdorns steigern die Durchblutung der Herzkranzgefäße und lassen die Herzmuskulatur kräftiger und ruhiger schlagen. (Siehe auch Seite 65.)

Hexenschußbeschwerden sind nicht nur mit quälenden Schmerzen, sondern bei einer akuten Erkrankung oft auch mit völliger Bewegungseinschränkung verbunden. Schuld an den peinigenden Rückenbeschwerden sind verkrampfte Muskulatur, lädierte Bandscheiben und eingeklemmte Nervenwurzeln. Rotlicht und Heizkissenauflagen lindern, besser noch wirkt feuchte Wärme. Denn beispielsweise Fangopackungen oder feuchte Wickel lassen den Schweiß nicht so leicht verdunsten und fördern dadurch den gewünschten Wärmestau. Auch Einreibungen oder Auflagen mit scharfen Gewürzen wie Pfeffer und Senf sorgen für eine stärkere Durchblutung. Zwischen den einzelnen Anwendungen sollte man den schmerzenden Rücken mit Johanniskrautöl einreiben. (Siehe auch Seite 29.)

Ikterus nennt der Arzt die Gelbfärbung der Augenbindehaut und der Haut bei Leber- und Gallenwegserkrankungen. Die »Gelbsucht« ist ein Zeichen dafür, daß der Gallenfarbstoff Bilirubin in den Blutkreislauf eingetreten ist. Der Ikterus ist also keine Krankheit, sondern nur ein Symptom, zum Beispiel bei Leberentzündungen, Arzneimittelvergiftungen oder Gallensteinen. Unbedingt sollte man deshalb die Grunderkrankung abklären lassen. Unterstützende naturheilkundliche Maßnahmen bei allen Ikterus-Formen: fette Nahrung meiden, ausreichend trinken, aber auf Alkohol verzichten, körperlichen Anstrengungen aus dem Weg gehen.

Insektenstiche rufen, ausgelöst durch das Stachelgift, alle Anzeichen einer akuten Entzündung auf der Haut hervor: Brennen, Rötung, Schwellung, Schmerz. Nach Bienen- und Wespenstichen zieht man zuerst den Stachel aus der Haut. Vorsicht beim Bienenstachel, der einen Widerhaken hat! Die Schwellung kühlt man am besten durch einen feuchtkalten Umschlag. Die Volksmedizin empfiehlt, eine frisch geschnittene Zwiebelscheibe aufzulegen. Einen gewissen Schutz gegen Mückenstiche bietet Hefe (pro Tag 15 Gramm). Hefe enthält Vitamine der B-Gruppe. Besonders das Vitamin B gibt der Haut eine Schutzwirkung vor den lästigen Plagegeistem (die die Ausdünstung von Vitamin B_1 über die Haut nicht riechen mögen). Wenn es einen trotzdem erwischt, helfen eine frische Zitronenscheibe oder auch das Einreiben mit einer Knoblauchzehe und die eigene Spucke.

Ischias zählt zu den häufigsten Nervenschmerzen und ist Ursache für heftige Schmerzattacken, die ganz plötzlich in die Hüfte einschießen (Nervus ischiadicus = Hüftnerv). Der Grund ist nicht selten eine vorgeschädigte Wirbelsäule; häufig findet der Arzt jedoch keinerlei Anzeichen für einen krankhaften Prozeß. Seelenärzte nehmen deshalb an, daß bei der plötzlichen Hüftwehattacke Streßsituationen eine wichtige Rolle spielen.

Viele Patienten ziehen sich aber auch nachts die Ischialgie zu: Die Bettdecke ist verrutscht, die Rükkenhaut kühlt ab, die im Schlaf entspannte Rückenmuskulatur zieht sich reflektorisch zusammen, um für vermehrte Durchblutung und Erwärmung zu sorgen – dadurch werden die Wirbelkörper enger zusammengeschoben und die Bandscheiben unter Druck gesetzt: Der Ischiasnerv wird eingeklemmt. Die akuten Schmerzen können derart stark sein, daß man weder gehen noch stehen kann.

Entspannende Maßnahmen sind, wenn man sich vom Arzt nicht eine »muskelrelaxierende« Spritze geben lassen will, das A und O der Selbstbehandlung. Eine Erleichterung verschafft man sich auch, wenn man die Beine hochlegt. Wärme jeder Art wirkt schmerzlindernd und beruhigend. Ein altes, die Wärme nutzendes Hausmittel ist beispielsweise eine Kartoffelpackung, die sich sehr gut den Körperformen anmodelliert und die Wärme lange speichert: Man kocht ein Kilo Kartoffeln, zerstampft sie zu Püree und packt den Brei in einen kleinen Kissenbezug; heiß auflegen und erst wieder abnehmen, wenn die Packung abgekühlt ist.

Ähnlich günstig wirkt ein Umschlag mit heißer Heilerdepaste. Dazu benötigt man etwa 1500 Gramm Heilerde, die zu einer dicken Paste angerührt und im Wasserbad auf 40 Grad erhitzt wird. Die heiße Heilerde wird auf einem Laken zu einer zwei bis drei Zentimeter dicken Schicht mit einem Küchenbrettchen plattgeklopft und dann unmittelbar auf die schmerzende Rückenpartie aufgebracht. Der Patient bleibt etwa 45 Minuten in dieser Packung liegen.

Wacholderbeeren bessern die Ernährungsverhältnisse von Sehnen, Muskeln und Gewebe; sie können Stoffwechselschlacken beseitigen und beugen Verhärtungen vor. Man kaut täglich drei bis fünf getrocknete Beeren.

Auch Holundermus vertreibt den Ischiasschmerz: Ein Kilo Beeren weichkochen, durchsieben, 500 Gramm Zucker daruntergeben, noch einmal aufkochen und in Gläser füllen. Man ißt mehrmals täglich einen Teelöffel davon.

Je eher man die Energie aufbringt, den Rücken wieder zu strecken und zu beugen, desto schneller wird man wieder gesund. Mit den Dehnübungen muß man behutsam beginnen und gewiß am Anfang die Zähne zusammenbeißen. Dennoch: Bewegung ist reine Medizin.

Sportliche Betätigung ist deshalb auch das beste Mittel, um neuerlichen Ischialgien vorzubeugen. Schwimmen im warmen Wasser (öffentliche Bäder haben Warmbadetage) ist besonders zu empfehlen, aber auch Skilaufen in weichem Schnee. Gefährdete Personen sollten auf einer festen Matratze schlafen und grundsätzlich plötzliche Bewegungen und starke körperliche Belastungen meiden. Warme Unterwäsche ist an kalten Tagen für Anfällige obligatorisch. Wer ins Schwitzen gerät, muß besonders aufpassen. Wäschewechsel, Trockenreiben der Rückenmuskulatur oder ein sofortiges Duschbad nach sportlicher Betätigung müssen zur Selbstverständlichkeit werden. Gegen Zugluft und Temperaturschwankungen kann man sich allmählich abhärten. Dazu geeignet sind viel Bewegung in frischer Luft, Kneipp'sche Wasseranwendungen, Massagen und Trockenbürsten der Haut. (Siehe auch Seite 29.)

Kopfschmerzen werden selbstverständlicher als jede andere gesundheitliche Störung mit Tabletten bekämpft. Das mag angehen, wenn es zwei-, dreimal im Jahr geschieht. Vor höherem Pillenkonsum sollte man jedoch den Arzt fragen. Anderen naturgemäßen Heilversuchen ist unbedingt der Vorzug zu geben: frische Luft tanken, kalte Kompresse auflegen, Druckpunktmassage auf den Schläfen, starken Bohnenkaffee mit einem Eßöffel Zitronensaft trinken, bei Unstimmigkeiten des Magens ein Glas lauwarme Milch mit zwei Messerspitzen doppeltkohlensaurem Natron trinken, ein heiß-kaltes Wechselfußbad nehmen, bei autogenem Training oder Yoga entspannen. (Siehe auch Seite 53.)

Krampfader-Beschwerden plagen nach der Statistik der Krankenkassen rund fünf Millionen Bundesbürger: Schweregefühl in den Beinen, Kribbeln und Brennen, stechende Schmerzen – vor allem im Bereich der Unterschenkel –, im »besten Fall« nur krampfartiges Ziehen. Der Name »Krampfadern« ist denn auch kein Hinweis auf Krämpfe, sondern leitet sich vom altdeutschen Wort »Krumpadern« ab, was soviel bedeutet wie »krumme« Blutgefäße – ein treffendes Bild: bleistiftdick und dunkelblau gefärbt, schlängeln sich die Adern »krumm« unter der Haut hin.

Krampfadern machen häufig überhaupt keine Beschwerden, sehen jedoch sehr unschön aus und sind deshalb vor allem für Frauen ein echtes kosmetisches Problem. (Aber auch Männer bleiben von den »Varizen« nicht verschont!) Da man die ausgesackten Venen (es handelt sich ausschließlich um Gefäße, die verbrauchtes Blut zum Herzen zurücktransportieren) nicht einfach fortzaubern kann, stehen vorbeugende Maßnahmen an erster Stelle jeder Selbstbehandlung; es gilt vor allem, der Venenschwäche Einhalt zu gebieten, damit es nicht zu entzündlichen Prozessen mit der Gefahr eines Blutgerinnsels (Thrombose) kommt. Natürliche Anwendungen sind, wie es im ärztlichen Fachjargon heißt, jetzt die »Mittel der Wahl«.

Bewegung steht an der obersten Stelle auf dem Therapieplan. Denn bereits bei jedem Schritt helfen die Wadenmuskeln, das in den Venen angestaute Blut in Fluß zu bringen. Krampfader-Patienten haben vielfach Angst, sich sportlich zu betätigen. Eine ganze Anzahl von Sportarten ist jedoch geeignet, die Neubildung von Krampfadern zu vermeiden oder das Fortschreiten der anlagebedingten Gefäßschwäche zu verhindern. Nützlich sind Wandern, Schwimmen, Skilanglauf, Golf, Joggen auf weichem Waldboden, Aerobic und Bodenturnen.

Weniger empfehlenswert sind Radfahren, Tennis, Ski alpin, Langstreckenlauf, Reiten, Rudern, Kampf-

sport und Geräteturnen. Absolut »krampfaderfeindlich« sind Kanusport, Gewichtheben, Marathonlauf auf der Straße.
Wasseranwendungen nach Kneipp sind dann nützlich, wenn sie kalt sind: Kälte zieht die Blutgefäße zusammen, fördert dadurch nicht nur den Blutstrom, sondern trainiert auch die Elastizität der Adern. Kalte Beingüsse, Wassertreten und Taulaufen sind also Medizin; warme Thermalbäder, Vollbäder und ausgedehnte Sonnenbäder, die die Adern erschlaffen lassen, sind dagegen zu meiden. Eine Ausnahme bilden kurze Sauna-Anwendungen (höchstens bis zu zwölf Minuten) mit anschließenden kalten Beingüssen.
Krampfader-Patienten sollen ungeniert so oft wie möglich die Beine hochlegen – das Venenblut kann dann leichter zum Herzen zurückfließen. Für die Nacht empfiehlt es sich sogar, Holzklötze oder Ziegelsteine unter die Bettpfosten am Fußende zu schieben, damit ein gewisses Gefälle entsteht.
Bier und Wein entspannen nicht nur die Nerven, sondern auch die Blutgefäße. Deswegen übt der Genuß von zuviel Alkohol einen negativen Einfluß auf Krampfadern aus. Vitamin- und mineralstoffreiche Drinks sorgen dagegen für eine Entlastung von Kreislauf und Gefäßen; ein Safttag pro Woche oder ein Buttermilch-Trinktag sind also ausgezeichnete diätetische Maßnahmen. Auf diese Weise wird auch der Abbau von etwaigem Übergewicht unterstützt – dies ist unbedingt notwendig, da jedes überflüssige Pfund die Beinvenen unnötig belastet.
Pflanzliche Wirkstoffe aus Roßkastanie, Ringelblume und Hamamelis haben sich besonders gut bewährt,

um die Venen zu straffen, abzudichten und den Abfluß von Gewebsflüssigkeit anzuregen.
Mit Salben und Einreibungen (immer aufs neue von den Füßen an aufwärts) läßt sich der venöse Rückfluß schon allein durch die Massagewirkung fördern. Vorsicht aber mit jeder Art von Massage, wenn sich Venen entzündet haben – der Weg zum Arzt ist dann unbedingt angezeigt.

Kreislaufstörungen sind vielfach auf einen zu niedrigen Blutdruck (medizinisch: Hypotonie) zurückzuführen. Schwindel, Schweißausbrüche, Beklemmungsgefühl und – schlimmstenfalls – das Kollabieren bessern sich, wenn man den Kreislauf systematisch mit naturheilkundlichen Maßnahmen stabilisiert. Wöchentliche Saunabesuche in Kombination mit kalten Wasseranwendungen (es muß nicht das eiskalte Tauchbad sein!), tägliche Trokkenbürsten-Massagen der Haut, mindestens ein halbstündiger Spaziergang pro Tag, ein Tellerchen Rohkost zu jeder Mahlzeit und der Verzicht auf Alkohol und Nikotin helfen, die Kreislaufstabilität wieder aufzubauen. (Siehe auch Seite 77.)

Lebererkrankungen können sehr unterschiedlicher Natur sein. Grundsätzlich gehören die akuten Entzündungen in ärztliche Behandlung. Bei chronischen Leberbeschwerden (zu den Anzeichen gehören rasche Ermüdbarkeit, Spannungsgefühl im rechten Oberbauch, Appetitlosigkeit und Übelkeit) läßt sich

zum einen die Leber durch natürliche Maßnahmen entlasten, zum anderen kann man die vielfältigen Stoffwechselprozesse und Entgiftungsfunktionen – die Leber erfüllt rund 1000 verschiedene Aufgaben! – anregen.
Der Leberwickel ist beispielsweise eine wirksame natürliche Säuberungsmaßnahme. Man taucht ein Leinentuch in kaltes Wasser, wringt es gut aus und schlägt es so um den Leib, daß es unterhalb der Rippenbögen liegt. Darüber wickelt man ein trockenes Frottierhandtuch so stramm um den Körper, daß das feuchte Tuch dicht abgeschlossen ist. Durch den kalten Wickel wird vermehrt arterielles Blut zur Leber geleitet. Auf diese Weise wird ihre Funktion angeregt, und es kommt zu einer Entgiftung über den Darm.
Der Heusack, heiße Kartoffelpackungen, aber auch Lehm- und Fangoauflagen sind bei Funktionsstörungen hilfreich, um die Leber anzuregen. Appetitlosigkeit und Völlegefühl, Aufstoßen und Übelkeit sowie das lästige Druckgefühl im rechten Oberbauch verschwinden meist schon nach ein paar Tagen, wenn man diese morgendlichen Anwendungen am frühen Nachmittag durch ein temperaturansteigendes Dreiviertelbad mit Heublumen-Extrakt (bis 40 Grad, Badedauer zehn bis 15 Minuten) intensiviert.
Sportliche Aktivität erhöht die Fähigkeit der Leber, Zucker in Form von Glykogen zu speichern. Ein hoher Glykogengehalt schützt die Leber und stärkt ihre Widerstandskraft.
Das homöopathische Lebermittel heißt »Flor de Piedra D 6«-Tabletten, eine Zubereitung aus der Stein-

blüte. Man läßt dreimal täglich eine Tablette auf der Zunge zergehen.
Die Mariendistel gilt in der Pflanzenheilkunde als das vortrefflichste Heilkraut für die Leber. Ihr Wirkstoff, das sogenannte Silymarin, vermag die Zellmembranen der Leber vor Umweltgift zu schützen. Man brüht am Abend einen Kräutertee aus Mariendistelsamen (Apotheke) auf. Fünf Gramm davon werden mit der Schale zerkleinert und mit einem halben Liter Wasser kurz aufgekocht. Die Hälfte davon trinkt man vorm Schlafengehen, die andere, aufgewärmt, am nächsten Morgen.
Leber-Diäten sind umstritten, da ihre Wirkung nicht recht zu beweisen ist – im Rahmen einer naturgemäßen Lebensweise und therapeutischer Leberpflege sollte man aber nicht darauf verzichten. Vor allem Rohkost (Rettich, Fenchel, Artischocken oder Möhren) und leberfreundliche Gewürze wie Anis, Bohnenkraut, Ingwer, Knoblauch, Muskat und Nelken erleichtern der Leber die Produktion von Gallenflüssigkeit. Quark enthält wichtige Eiweißbausteine, die den Stoffwechsel in der Leber unterstützen. Mühelos kann das Organ auch die energiereichen Trauben- und Fruchtzucker verarbeiten.
Zuviel Alkohol kann die Leber dagegen nicht verkraften, sie setzt ihn in Fett um und speichert ihn. So entsteht auf die Dauer dann die gefürchtete Fettleber.
Auch manche Medikamente können das Organ schwer belasten. Etliche Abführmittel, keimtötende Substanzen, Rheuma- und Schmerztabletten sowie Beruhigungsmittel sind – sofern man sie nicht nur

gelegentlich benutzt – Gift für die Leber. Insgesamt sind es rund 200 pharmakologische Wirkstoffe, die auf die Dauer üble Nebenwirkungen haben können. Deshalb: Niemals Medikamente über einen längeren Zeitraum ohne ärztliche Überwachung einnehmen!

Leistungsschwäche ist meist die Folge einer anhaltenden Überanstrengung – sei sie geistiger oder körperlicher Natur. Man ermüdet leicht, kann sich nicht mehr richtig konzentrieren, fühlt sich reizbar und erschöpft. Der schlechte Allgemeinzustand läßt sich nicht mit Tabletten, wohl aber durch eine naturgemäße Lebensweise kurieren: Viel Schlaf, viel frische Luft, ein gesundes Gleichgewicht zwischen Arbeit und Entspannung, Verzicht auf Körpergifte wie Nikotin und Alkohol führen auf die Dauer aus dem Tief. Ein ausgezeichnetes Anregungsmittel ist der Rosmarin: Tee oder Tropfen wirken über das Zentralnervensystem mild, aber zuverlässig.

Lungenentzündungen werden durch Krankheitserreger wie Viren, Bakterien und Pilze ausgelöst, wenn das körpereigene Abwehrsystem durch vorangegangene Erkältungen geschwächt oder durch plötzliche Überforderung zusammengebrochen ist. Fieber, Atemnot, Husten und Schmerzen können den Patienten derart mitnehmen, daß die Therapie immer dem Arzt überlassen bleiben muß. Neben den verordneten Medikamenten hält man mit kalten Brustwickeln oder einfachem Auflegen von feuchtkalten Tüchern das Fieber in Schach – sie wirken wundheilungsfördernd und schmerzlindernd. Durch Saftfasten werden die Verdauungsorgane entlastet, so daß der Organismus seine ganze Kraft auf den Heilungsprozeß konzentrieren kann.

Magen-Darm-Beschwerden machen Millionen Menschen zu schaffen - nahezu jeder zweite Bundesbürger hat hin und wieder damit zu tun. Die Begleiterscheinungen wie fader Mundgeschmack, Appetitlosigkeit, Völlegefühl, Sodbrennen, krampfartige Leibschmerzen, Übelkeit, Erbrechen und Durchfall können zahlreiche Ursachen haben.
Häufig handelt es sich um sogenannte funktionelle Störungen als Folge von Hektik, Streß und Ärger, die dem Patienten im wahrsten Sinn des Wortes auf den Magen geschlagen sind (der Magen wird nicht umsonst als »Spiegel der Seele« bezeichnet). Genauso können aber Ernährungssünden (zu reichliche und zu fette Mahlzeiten) und Genußgifte (zuviel Alkohol) die typischen Beschwerden hervorrufen.
Wissenschaftler machen neuerdings auch ein »Schrauben-Bakterium« für die Schleimhautentzündungen verantwortlich; folgerichtig werden Magen-Darm-Erkrankungen jetzt verstärkt mit chemischen Bakterienkillern behandelt.
Möglicherweise ist die neue Erkenntnis der Medizinexperten eine nachträgliche Rechtfertigung für die Naturheilkunde, die Magen-Darm-Katarrhe seit je erfolgreich mit Kamillentee kuriert: Der Tee wirkt antibakteriell und stoppt die Ausbreitung von Bak-

teriengiften, ist überdies entzündungshemmend, krampflösend und wundheilungsfördernd.
Eine Rollkur mit starkem Kamillentee vermag die Beschwerden deshalb oft rasch zu lindern. Dazu übergießt man zwei Teelöffel der getrockneten Kamillenblüten mit einer Tasse siedendem Wasser. Der Aufguß wird nach sieben Minuten abgeseiht und möglichst morgens nüchtern im Bett getrunken. Dann »rollt« man je fünf Minuten von der Rückenlage auf die linke Seite, dann in die Bauchlage und schließlich auf die rechte Körperseite. Die heilkräftigen Inhaltsstoffe der Kamille gelangen dadurch überall an die Magenschleimhaut.
Auch das muß man wissen: Kamillenblüten sollten nicht länger als acht Wochen gelagert werden. Dann verflüchtigen sich ihre ätherischen Öle, und der Heiltee wird wirkungslos.
Fasten ist bei akuten Magen-Darm-Beschwerden die beste Maßnahme, um den gequälten Verdauungsorganen die notwendige Schonung zukommen zu lassen. Meist hat man von Natur aus sowieso keinen Hunger. Schwarzen Tee ohne Zucker und trockenen Zwieback verträgt der Magen jetzt am besten.
Eine Diät ist nur bei chronischen Magen-Darm-Beschwerden sinnvoll; man meidet Speisen mit stark erhitzten Fetten (Pommes frites, Bratenkruste, Schmalz), scharfe Gewürze wie Paprika, Chili und Meerrettich, frische Backwaren, Zuckerwaren, Alkohol, kohlensäurehaltige Getränke, saure Weine und Kaffee. Dafür bevorzugt man magenfreundliche Zubereitungen im Römertopf oder in der Folie.
Wärme jeder Art wird vom Magenpatienten als wohl-

tuend empfunden. Sie wirkt durchblutungsfördernd, entspannend und entkrampfend; die gereizten Magennerven beruhigen sich. Von der Haut ausgehende Reflexwirkungen beeinflussen die inneren Organe. Mit heißen Kompressen erzielt man den besten Erfolg: Ein Küchenhandtuch wird unter heißes Wasser gehalten und ausgewrungen, auf den Oberbauch gelegt und warm abgedeckt.
Insgesamt befinden sich im Magen etwa 5,2 Millionen Drüsen. Sie produzieren Salzsäure zur Nahrungszersetzung, außerdem Pepsin, das die Eiweiße spaltet, und einen neutralen Schleim. Der Schleim schützt die Schleimhaut vor der Salzsäure.
Bei Säureüberschuß bringt ein Teelöffel Heilerde (in Wasser aufgeschwemmt und vor jeder Mahlzeit geschluckt) rasche Besserung. Zur Anregung der Magendrüsen eignen sich dagegen Zubereitungen aus pflanzlichen Bittermitteln wie Enzian, Tausendgüldenkraut, Kalmuswurzel und Wermut. Von dieser Mischung läßt man einen Teelöffel voll mit einer Tasse kaltem Wasser eine halbe Stunde lang ziehen, erhitzt den Auszug dann kurz bis zum Siedepunkt, seiht den Tee ab und trinkt ihn in kleinen Schlucken. (Siehe auch Seite 49.)

Menstruationsbeschwerden machen rund 20 Prozent aller Frauen und Mädchen zu schaffen. Meist sind die Spannungsschmerzen und krampfhaften Koliken im Unterleib auf eine hormonell bedingte Fehlsteuerung der vegetativen Nerven zurückzuführen. Wärmeauflagen (Heizkissen, Wärmflasche, Heublumensack, Fangoplatte) bringen Linderung. Auch die Inhaltsstoffe der Schafgarbe vermögen verkrampfte Organe und Muskulatur zu entspannen. Am besten trinkt man morgens nüchtern und abends vor dem Schlafengehen je eine Tasse Schafgarbentee (ein bis zwei Teelöffel pro Tasse, sechs Minuten ziehen lassen, abseihen, fertig). Hilfreich sind pflanzliche Heilmittel, die den Hormonhaushalt regulieren, ohne selbst Hormone zu enthalten. So fanden der Mönchspfeffer und die Traubensilberkerze schon vor 2000 Jahren bei solchen Frauenleiden Verwendung.

Migräne kann sowohl durch Fröhlichkeit wie Traurigkeit, ebenso durch Wetterwechsel wie durch ausgedehnte Sonnenbäder ausgelöst werden. Die einseitigen Kopfschmerzen, oft verbunden mit Schwindel, Funkensehen und Übelkeit, sind von solcher Intensität, daß sich die Patienten fast immer ins Bett legen müssen. Mitunter läßt sich die Migräne durch ein ganz einfaches Hausmittel oder einen bestimmten Kniff vertreiben. Mit der fernöstlichen Daumendruckmassage beispielsweise kann man leichtere Anfälle kupieren. Man drückt gleichzeitig mit den Daumenkuppen in Intervallen von je vier Sekunden auf beide Schläfen – insgesamt etwa fünf Minuten lang. Manchen Patienten hilft ein starker Kaffee mit Zitrone oder eine Entspannungsmethode wie das autogene Training. (Siehe auch Seite 57.)

Nagelbrüchigkeit trifft vor allem Frauen häufig. Es kann nur ein kosmetisches Problem sein, ist mitunter aber auch eine wirkliche gesundheitliche Beeinträchtigung. Insbesondere sind es Stoffwechselstörungen, die Nägel spröde werden lassen. Zuckerkrankheit, Vitamin- und Eisenmangel oder ein entgleister Kalkstoffwechsel können dahinterstecken. Liegt keine organische Erkrankung vor, darf man auf eigene Faust versuchen, den Nägeln wieder Festigkeit zu verleihen. Nützlich sind zwei Eßlöffel Gelatine täglich, die man unter die Mahlzeiten rührt. Überdies helfen Fingernagelbäder mit Eichenrinde-Extrakt. Die Wirkung der Eichenrinde ist auf ihren Gehalt an zusammenziehenden Gerbstoffen zurückzuführen. Wichtig: Nagellackentferner laugt die Fingernägel aus – farbloser Lack kann die Nägel schützen.

Nasenbluten ist fast immer harmlos – wenn es häufiger auftritt, sollte man jedoch einen Arzt um Rat fragen. Man stoppt plötzlich auftretendes Nasenbluten innerhalb von wenigen Minuten durch gelinden Druck auf den oder die Nasenflügel. Eine feuchtkühle Kompresse im Nacken sorgt darüber hinaus dafür, daß die Blutzufuhr gedrosselt wird. Der Patient sollte nicht – wie es häufig gemacht wird – mit zurückgelegtem Kopf behandelt werden. Richtig ist es, den Kopf nach vorn zu beugen, damit aus der Nase tropfendes Blut nicht in den Rachen, sondern ungehindert nach vorn abfließen kann.

Nierenversagen war in den sechziger Jahren meist ein Todesurteil. Erst seit man die künstliche Blutwäsche, die Dialyse, entwickelt hat und dann die Organtransplantationen von einer Utopie zur Wirklichkeit wurden, hat sich das Blatt gewendet.
Unabhängig davon ist jede Nierenerkrankung ernstzunehmen – sie birgt mannigfache Risiken. In vielen Fällen zeigt der Körper selbst unüberhörbare Alarmsignale – etwa bei der Nierenbeckenentzündung: Schüttelfrost, kolikartige Rückenschmerzen, Erbrechen und plötzliches hohes Fieber zwingen den Patienten ins Bett. Man kann dies fast als Selbstschutzmaßnahmen des Organismus sehen, der nach absoluter Ruhe verlangt. Ohne Arzt geht es in solchem Fall selbstverständlich nicht. Er muß die Diagnose »Nierenbeckenentzündung« stellen (die auslösenden Bakterien lassen sich im Urin nachweisen) und keimtötende Medikamente verschreiben, um die Erreger zu bezwingen und damit die Entzündung abklingen zu lassen.
Durch die beiden Nieren – faustgroß und bohnenförmig – fließt in etwa sechs Minuten das gesamte Blut unseres Kreislaufs. Aus diesen täglich etwa 1500 Litern filtern sie Stoffwechselschlacken, Gifte, Wasser und nicht verwertbare Mineralien, die dann mit dem Harn – beim gesunden Menschen ein bis anderthalb Liter – ausgeschieden werden.
Ausgeschieden werden bei einem entzündlichen Prozeß auch die Erreger. Reichliches Trinken fördert diesen Auswascheffekt; je mehr man trinkt, desto mehr Keime werden ausgespült. Überdies fördert reichliches Trinken die Nierendurchblutung, das

steigert ihre eigene Abwehrkraft. Der Faustformel »zwei Liter mehr Flüssigkeit, als dem Durst entspricht« folgend, sollte man durch den Genuß von Mineralwasser, Tee und Obstsäften die Harnmenge steigern.

Folgende Nierenteemischung ist besonders empfehlenswert: Je 40 Gramm Löwenzahnkraut und -wurzel, Wacholderbeeren, Petersilie, Bruchkraut und Anis werden gut miteinander vermischt, zwei Eßlöffel der getrockneten Kräuter überbrüht man mit einem Liter heißem Wasser und läßt den Aufguß 20 Minuten lang ziehen. Nach dem Abseihen trinkt man die gesamte Menge morgens langsam und in kleinen Schlucken.

Pflanzensäfte eignen sich ausgezeichnet, um Nierenleiden günstig zu beeinflussen. Bewährt haben sich Säfte aus Rettich, Sellerie, Wacholder, Spargel, Petersilie, Löwenzahn und Brunnenkresse. Sie regen vor allem die Wasserausscheidung an, haben zum Teil aber auch einen keimhemmenden Effekt.

Zitronensaft mit Zucker löst nicht selten sogar Harnsäuresteine (Uratsteine) auf, die sich in der Niere festsetzen können (Tagesmenge: Saft von zwei Zitronen).

Diätetische Maßnahmen können überdies das saure Harnmilieu - in dem sich solche Steine bilden – normalisieren. Man erreicht dies durch die Umstellung auf eine vegetarische Diät mit Milch, Quark, Eiern, Obst, Salat, Gemüsen, alkalischen Mineralwässern, Vollkornbrot, Mehlspeisen, Kartoffeln, Nudeln jeder Art und Reis. Calcium-, Oxalat- und Phosphatsteine lassen sich allerdings kaum durch eine Diät beein-

flussen. Zum Glück werden jedoch 80 Prozent aller Steine spontan mit dem Harn aus den Nieren ausgeschwemmt.
Ein heißes Halbbad, das etwa eine halbe Stunde dauern sollte, kann die sehr schmerzhaften Nierenkoliken am ehesten lindern. Am besten eignet sich für diese Anwendung eine Sitzbadewanne. Das Wasser sollte dabei die Nieren bedecken (reichlich handbreit über den Hüften) und eine Temperatur von 38 Grad haben. Wichtig ist, daß der Patient nicht fröstelt, also »obenrum« mit einer Wolldecke zugedeckt wird oder einen warmen Pullover anzieht.

Ohrenschmerzen haben häufig ihre Ursache in einer Erkältungskrankheit der oberen Atemwege. Eine Halsentzündung kann beispielsweise ganz leicht auch »auf die Ohren schlagen«: Die Krankheitserreger wandern durch die sogenannte Ohrtrompete bis ins Mittelohr und rufen dort eine Entzündung hervor. Diese »Ohrtrompete«, medizinisch als »Tube« bezeichnet, ist ein drei bis vier Zentimeter langer, mit Schleimhaut ausgekleideter Gang, der das Mittelohr mit dem Rachen verbindet. Bei Erkältungen kann die Ohrtrompete auch zuschwellen – Tubenkatarrhe sind der häufigste Grund für Ohrenschmerzen. Der Arzt kann dann zum Beispiel feststellen, daß das Trommelfell nach innen eingezogen ist – im Mittelohr entsteht nämlich ein Unterdruck, wenn die Ohrtrompete als Druckregler ausfällt.
Bei Kindern, die bei Fieberkrankheiten oft vorschnell mit Antibiotika behandelt werden, entwik-

keln sich Tubenkatarrhe – nicht selten zu chronischen Mittelohrentzündungen – die Antibiotika haben die Krankheitskeime resistent gemacht: bakterientötende Medikamente können ihnen nichts mehr anhaben. Selbst drei Monate nach einer Mittelohrentzündung findet man bei jedem zehnten Kind noch »Restergüsse« – Sekretabsonderungen der gereizten Schleimhäute. Bleibt der Erguß unbehandelt, bildet sich die Flüssigkeit in eine schleimige, gummiartige Masse um, die letztendlich zu Schwerhörigkeit führen kann.
Ebenso wie die Nasenschleimhaut bei einem allergischen Schnupfen reagiert, kann auch die Ohrtrompete Wirkung auf allergieauslösende Substanzen zeigen. Druckgefühl im Ohr, knackende Geräusche und Ohrensausen sind die lästigen Begleiterscheinungen.
Kopfdampfbäder mit Kamillenblüten bringen – wie bei allen Atemwegserkrankungen – auch hier Linderung. Die Wirkung erhöht sich, wenn man dem Kamillenaufguß ein wenig einer Erkältungssalbe oder einige Tropfen Terpentinöl hinzufügt. Allein das mehrmalige Einatmen heißer Dämpfe kann die Schmerzen vertreiben.
Ein weiterer Tip: Man gibt einige Tropfen Heilpflanzenöl in eine Thermoskanne, gießt kochendes Wasser darauf und inhaliert den aufsteigenden Dampf unter einem Badetuch.
Ohrdämpfe ohne Druck, etwa aus einem Teekesselchen, finden vor allem in der Kinderpraxis Anwendung.
Mit Ohrentropfen, die das Mittelohr nicht erreichen,

läßt sich wenig ausrichten – wohl aber mit abschwellenden Nasenpräparaten, die ja über die Tube ins Mittelohr gelangen. Unter den homöopathischen Mitteln ist es vor allem das »Kalium bichromicum-Pulver D 4«, das jetzt Hilfe verspricht: Man läßt dreimal täglich eine Messerspitze voll auf der Zunge zergehen.

Trockene Wärme hat sich ebenfalls bewährt, um die gereizten Gehörgänge zu beruhigen und Entzündungen abklingen zu lassen. Bestrahlungen mit der Rotlichtlampe – morgens und abends je zehn Minuten lang – sind besonders günstig und außerdem unkompliziert: Rotlicht dringt bis zu neun Zentimeter ins Gewebe, sorgt also für tiefgehende Erwärmung und ruft eine entzündungshemmende Mehrdurchblutung hervor; beruhigend und schmerzlindernd wirken zwischen diesen Anwendungen auch Heizkissenauflagen. Kleine Beutelchen mit Kamillenblüten, trocken erhitzt und aufgelegt, werden von Kindern als wohltuend empfunden.

Zu den bewährten Kneipp'schen Allgemeinmaßnahmen, entzündliche Prozesse zu bessern, zählen ansteigende Fußbäder, Sitz- und Halbbäder mit anschließender feuchter oder trockener Schwitzpackung.

Der typische feuchte Ohrwickel, der vorschriftsmäßig mit mehreren feuchten und trockenen Tüchern recht kompliziert anzulegen ist, läßt sich durch einen langen Wollschal leicht ersetzen: Die eine Hälfte wird angefeuchtet um den Kopf gewickelt, die andere, trockene Hälfte des Schals kommt einfach darüber.

Ohrgeräusche sind vielfach auf Entzündungen oder Durchblutungsstörungen, aber häufig auch auf seelische Belastung oder geistige Überanstrengung zurückzuführen. Beruhigender Tee aus der Baldrianwurzel (kalt ansetzen, acht Stunden ziehen lassen, abseihen und erwärmt trinken) bringt deshalb oft Besserung. Ursache von unangenehm pfeifenden, klingenden und zischenden Geräuschen kann auch ein Ohrschmalzpfropf sein. Um ihn zu beseitigen, träufelt man wenige Tropfen erwärmtes Salatöl in den Gehörgang. Das verhärtete Ohrschmalz weicht dadurch auf und sondert sich meist von selbst ab. Wenn Schwerhörigkeit oder gar Taubheit auftreten, sollte man unbedingt einen Ohrenarzt aufsuchen.

Osteoporose, der gefährliche Knochenschwund, trifft ältere Frauen in den Wechseljahren besonders häufig. Für die regelmäßige Erneuerung des Knochengewebes spielt eine ausreichende Kalziumzufuhr die wichtigste Rolle – je höher die tägliche Kalziumaufnahme, um so geringer ist die Neigung zu Knochenbrüchen. Als tägliche Mindestmenge werden 800 Milligramm Kalzium empfohlen. Frauen in den Wechseljahren sollten die tägliche Zufuhr dagegen auf 1500 Milligramm erhöhen. Das erreicht man durch den Verzehr von Milch- und Vollkornprodukten. Um die Kalziumeinlagerung ins Knochengewebe zu unterstützen, muß die Nahrung auch reichlich Vitamin D enthalten. Lebertran, Eidotter, Seefische, Butter und Öl sind reich an diesem Vitamin.

Parodontose ist eine schleichende Zahnbetterkrankung, die oft mit einer nur leichten Entzündung des Zahnfleisches beginnt. Zwischen Zahn und Zahnfleisch entstehen mit fortschreitender Erkrankung tiefe Taschen, die Zähne werden locker. In diesem Stadium kann nur noch der Zahnarzt helfen. Deshalb ist es wichtig, Zahnfleischentzündungen unbedingt auszukurieren. Hilfreich sind Pinselungen mit Myrrhentinktur und Mundspülungen mit einem Aufguß aus Tormentillwurzel, Salbei und Pfefferminze. Die Heilpflanzen werden zu gleichen Teilen gemischt, ein Teelöffel der Kräuter wird mit kochendem Wasser überbrüht, nach sieben Minuten abgeseiht; die Spülungen werden stündlich mit warmem Tee (am besten immer frisch zubereiten) vorgenommen.

Pilzerkrankungen zählen zu den häufigsten Hauterkrankungen überhaupt. Und auch in der kalten Jahreszeit ist niemand davor gefeit: Wie im Sommer die Freibäder, bevölkern in diesen Monaten Tausende die öffentlichen Badeanlagen, um in warmer Saunaluft und heißen Dämpfen Entspannung und Gesundheit zu tanken. Gewiß ein herrliches Vergnügen – doch oft kein ungetrübtes. Denn die Pilze gedeihen am besten in feuchtwarmer Umgebung: Sauna, Schwimmbecken, Solarium und Sitzbänke in Umkleidekabinen sind wahre Brutstätten für diese Krankheitserreger.
Schon jeder zweite Deutsche, so schätzen Hautfachärzte, ärgert sich mit einer lästigen Pilzerkrankung herum, besonders häufig ist der Fußpilz. Pilze beste-

hen aus mikroskopisch kleinen Pflanzenzellen, die auf der Haut wachsen, sich vermehren und dann Entzündungen hervorrufen. Hautrötungen und starker Juckreiz sind die ersten, Hautveränderungen wie Schuppung und Hautablösung können die schmerzhaften weiteren Folgen sein. Außerdem erfaßt der Pilz oft Nagel und Nagelbett. Schlechte Belüftungsverhältnisse im Schuhwerk aus künstlichen Materialien schaffen für die Entwicklung des Fußpilzes ideale Voraussetzungen.

Desinfektion durch die Sprühanlagen in Bädern bietet kaum ausreichenden Schutz vor Fußpilz. Wie jetzt festgestellt wurde, sind sogar viele dieser Sprühanlagen selbst mit Fußpilzerregern verunreinigt. Überdies ist die Wirkung von Desinfektionsmitteln zweifelhaft, weil die meisten Benutzer ihre Füße nach dem Besprühen sofort abtrocknen. Keimfreiheit wird aber erst erreicht, wenn das Mittel etwa eine halbe Stunde einwirkt und an der Haut antrocknet. Hygienische Maßnahmen sind deshalb immer noch die beste Vorbeugung. Die Füße sollten kühl und trocken gehalten, Schuhe und Strümpfe täglich gewechselt werden. Nach dem Waschen Zehenzwischenräume ausspülen und die Füße gut abtrocknen! Wer auf Nummer Sicher gehen will, benutzt dafür sogar einen Heißluftfön.

Der Fußpilz ist eine Zivilisationskrankheit – bei den barfußlaufenden Naturvölkern tritt er nicht auf. Das ist Grund genug, im Hause möglichst viel barfuß zu laufen oder Sandalen zu tragen, denn die Zehenzwischenräume benötigen viel Sauerstoff. Handtücher von Fußpilzpatienten sollten auf keinen Fall von anderen Familienmitgliedern benutzt werden und nur für die eigenen Füße da sein; denn sonst kann der Pilzerreger an anderen Körperstellen (Mund, Hände, Genitalbereich) und natürlich auf andere Personen übertragen werden.

Eine ausgezeichnete Medizin ist der vielgerühmte Knoblauch; man schneidet eine Knoblauchzehe auf, drückt sie ein wenig zusammen und verteilt den austretenden Saft auf die Pilzerkrankung. Die Oberhautzellen sind in der Lage, das schwelfelhaltige Öl in sogenannte Polythionsäuren umzuwandeln – und diese machen dem Fußpilz den Garaus. Die Wirkung wird verstärkt durch die gleichzeitige Einnahme von Knoblauchöl.

Etwa 75 Prozent der Frauen in der Bundesrepublik ziehen sich auch irgendwann einmal einen Scheidenpilz zu. Eine unangenehme Sache, die sich nicht selten auf den Partner überträgt. Wer erkrankt ist, sollte unbedingt luftige Baumwollunterwäsche tragen. Eng sitzende Synthetik- und Seidenwäsche begünstigt die dauernde Selbstansteckung, da Erreger nicht heiß genug herausgewaschen werden. Neben den hygienischen Maßnahmen kann man durchaus mit natürlichen Mitteln versuchen, die ungebetenen Pilze wieder loszuwerden. An naturheilkundlichen Maßnahmen haben sich folgende bewährt:

Zuckerfreie Diät – denn Pilze vermehren sich besonders gut in einem »süßen« Haut- und Scheidenmilieu; bei Scheidenpilz Einführen von Milchsäurestäbchen (Apotheke) oder Joghurt und Spülungen mit dem Saft von drei Zitronen, der mit der gleichen Menge Wasser verdünnt wird (diese Anwendungen schaffen ein saures Scheidenmilieu, in dem sich Pilze nicht halten können); viel frischen Knoblauch essen - er enthält pilztötende Substanzen. Und noch etwas: Meiden Sie bei Pilzanfälligkeit Schwimmbecken in öffentlichen Bädern und vor allem die Whirlpools in Saunabetrieben.

Prostatabeschwerden sind ein von älteren Männern gefürchtetes Leiden. Nicht ohne Grund ist die Untersuchung der männlichen Vorsteherdrüse von den Krankenkassen auf die Liste der wichtigen und daher kostenlosen Vorsorge-Untersuchungen gesetzt worden. Ein Naturstoff, der bei Prostatabeschwerden helfen kann, ist das Sitosterin. Es wirkt entspannend, schmerzlindernd und erleichtert das Wasserlassen. Die aus der Knolle des afrikanischen Liliengewächses »Hypoxis rooperi« gewonnene Substanz findet seit langem in der Volksmedizin Anwendung. Sitosterin ist ein bemerkenswerter Stoff: Neben seiner günstigen Wirkung auf Entartungen der Prostata vermag er die Aufnahme von Cholesterin zu hemmen und gleichzeitig in eine ganze Anzahl von Stoffwechselprozessen regulierend einzugreifen.

Rheuma erschrickt mit Zahlen: Die Krankheit verursacht in der Bundesrepublik jahrlich allein 12,6 Milliarden Mark Kosten für die medizinische Versorgung. Zwei Millionen Rheumapatienten gelten als unheilbar Schwerkranke. Insgesamt schätzt man die Zahl der Rheumatiker auf rund zehn Millionen!

Meist ist ärztliche Behandlung notwendig, nicht selten lindert aber auch eine natürliche Maßnahme die rheumatischen Beschwerden. Hilfreich sind beispielsweise Vollbäder mit Wacholderbeeren. Für ein Wannenbad werden 100 bis 200 Gramm Wacholderbeeren mit heißem Wasser überbrüht. Nach 20 Minuten wird der Aufguß abgeseiht und dem Badewasser zugefügt. Man badet so warm wie möglich, etwa 15 bis 20 Minuten lang. Nützlich ist auch eine Entspannungsmethode wie das autogene Training. Es beeinflußt die vegetativen Funktionen und damit zugleich das gesamte Krankheitsbild positiv.
Zum »rheumatischen Formenkreise gehört auch die Gicht. (Siehe auch Seite 29.)

Rückenschmerzen plagen mehr oder weniger heftig mindestens jeden zweiten. Mancher muß sich sogar auf alle Zeiten damit abfinden – wenn die Beschwerden nämlich durch anerzogene oder aufgezwungene Fehlhaltungen entstanden sind, lassen sie sich nur schwer wieder normalisieren. So sind Verspannungen durch stundenlanges Sitzen am Arbeitsplatz der häufigste von rund drei Dutzend Gründen für den Rückenschmerz (allein durch gebeugtes Sitzen nimmt der Druck auf die Bandscheiben um 50 Prozent zu!).
Seelische Überforderung kann zu Rückenbeschwerden führen, und nicht selten sind auch Bandscheibenschäden die Auslöser. Deren operative Behandlung enttäuscht übrigens jeden fünften Patienten, weil er keine Besserung spürt.

Gegen mancherlei Art von Rückenschmerzen hat die Naturmedizin Bewährtes anzubieten, das allemal harten Schmerzmitteln vorzuziehen ist. Denn die schaffen zwar Linderung, beseitigen aber nicht die Ursachen und können Nebenwirkungen haben.

Vorbeugen ist natürlich besser als Heilen. Die einfachste Möglichkeit ist ein Stuhl mit Armlehnen. Allein durch zeitweiliges Aufstützen der Arme wird die Rückenmuskulatur entspannt und die Belastung des gesamten Rückens gemindert. Und mit einem festen Schaumstoffkeil (dünne Kante nach vorn) kann man sich eine körpergerechte Unterlage schaffen: Man sitzt automatisch kerzengerade darauf, die Bandscheiben werden entlastet.

Sowohl warme als auch kalte Auflagen sind nützlich, um sich Schmerzlinderung zu verschaffen. So lassen sich beispielsweise die quälenden Ischias- und Hexenschußbeschwerden sehr gut durch wärmende Auflagen, Pflaster oder Rotlichtbestrahlung bessern. Zu den bewährten Hausmitteln gehören Packungen mit rohen oder gebratenen Zwiebeln (in ein Tuch packen und eine Viertelstunde auf den Rücken legen), auch heißer Kartoffelbrei oder Meerrettich-Auflagen sind Empfehlungen aus der Volksmedizin. Die Wirkung von durchblutungsfördernden Salben (dünn auftragen und kräftig einmassieren!) beruht auf Zusätzen an Bienengift oder Pfeffer, die ebenfalls für wohltuende Wärme sorgen.

Für eine sehr nützliche Kälteanwendung taucht man ein Frotteehandtuch in kaltes Wasser, dem man zwei bis drei Eßlöffel Kochsalz zugefügt hat, und wringt es gut aus. Nun legt man es für zwei bis drei Stunden

in den Gefrierschrank. Das gefrorene Handtuch ist steif wie ein Brett, läßt sich aber gut auseinanderfalten. In noch hartem Zustand wird es auf den Rücken gelegt, die schmerzlindernde Wirkung tritt sofort ein. Kälte zieht die Blutgefäße zusammen und vermindert damit die Durchblutung des Gewebes. Auf diese Weise wird der Stoffwechsel herabgesetzt, die Entzündungsreaktion abgeblockt. Kälte hat aber auch einen betäubenden Effekt. Gymnastische Übungen bessern die Beschwerden fast immer, wenn sie regelmäßig ausgeführt werden. Schon ein tägliches Miniprogramm hilft, die Rückenmuskulatur zu kräftigen. Dies ist eine wichtige Maßnahme, denn Menschen mit Rückenschmerzen neigen rasch dazu, sich Schonhaltungen aufzuerlegen – sie gehen beispielsweise oft gebeugt. Dadurch aber wird der Zustand nur noch schlimmer.
Schwimmen in möglichst warmem Wasser trainiert nicht nur Atmung und Gefäße, sondern entlastet auch Wirbelsäule und Gelenke. Patienten mit kranken Bandscheiben sollten allerdings das Brustschwimmen vermeiden, weil dabei dic Wirbelsäule zu stark verkrümmt wird. Rückenkraulen kann dagegen Kreuzschmerzen, Nacken- und Schulterschmerzen bessern. (Siehe auch Seite 29.)

Schlafstörungen: Rund zehn Millionen Bundesbürger klagen ständig über Schlafstörungen. Von 100 Patienten fragen mindestens 20 den Arzt: »Können Sie mir nicht etwas zum Ein- oder Durchschlafen verschreiben?« Allein die westdeutschen Apotheken verkaufen pro Jahr 40 Millionen Packungen Schlafmittel im Wert von rund 170 Millionen Mark, darunter ist ein großer Anteil harter Präparate. In der Naturheilkunde lehnt man solche chemischen Schlafkeulen rundum ab, denn für einen gesunden Menschen gehören sie zu den absolut schädlichen Arzneimitteln. Zum einen gewöhnt man sich sehr rasch daran, und die Dosis muß bald erhöht werden, was zu organischen Schäden führen kann. Zum anderen bringen Schlaftabletten die erholsamen, rhythmisch ablaufenden Traumphasen durcheinander; auf die Dauer kommt es dadurch zu einer nachhaltigen Zerrüttung der Nerven. Solche Risiken lassen sich durch natürliche Schlafhilfen umgehen. Die besten sind:

• Naßkalte Socken vor dem Zubettgehen über die Füße streifen, darüber kommen trockene Wollsocken. Die Füße werden durch den Kältereiz reflektorisch vermehrt durchblutet. Infolge der Blutverteilung beruhigen sich die vegetativen Nerven, innere Unruhe verschwindet.

• 20 Tropfen Baldriantinktur auf einem Stück Würfelzucker einnehmen.

• Melissengeist hilft besonders gut bei Schlafnervosität: Einen Teelöffel voll in ein halbes Glas heißes Zuckerwasser einrühren und in kleinen Schlucken trinken.

• Heiße Milch mit Honig trinken. Milch enthält »Tryptophan«, eine Substanz, die für die Entstehung des Schlafes unentbehrlich ist. Zusätzliche Wirkung: Als Reaktion auf den Honig produziert die Bauchspeicheldrüse Insulin; gerät dieses Hormon in den Kreislauf, fällt der Blutzuckerspiegel ab – und das macht müde.

• Wein oder Bier sind in kleinen Mengen (etwa ein Glas) ebenfalls gute Schlafhilfen – zuviel Alkohol bringt die Traumphasen durcheinander!

Es ist im übrigen völlig normal, wenn man im Bett zunächst noch eine Zeitlang wach liegt; das kann ohne weiteres 20 Minuten bis eine halbe Stunde dauern. Viele Leute überbrücken die Zeitspanne mit einem Ritual: Es kann darin bestehen, daß man noch ein wenig in einem Buch oder einer Zeitschrift liest oder Entspannungsübungen wie das autogene Training macht.
Wer sich schlecht entspannen kann, sollte es vielleicht einmal mit der chinesischen Akupressur versuchen. Wenn man die linke Hand so auf den Bauch legt, daß der Nagel des kleinen Fingers genau über dem Bauchnabel liegt, befindet sich der »Einschlafpunkt« unmittelbar über dem Zeigefinger. Nun massiert man diese Stelle sanft mit Zeige- und Mittelfinger der rechten Hand. Schon nach wenigen Minuten spürt man meist ein behagliches Wärmegefühl, das sich über den ganzen Körper ausbreitet, innere Ruhe und der ersehnte Schlummer stellen sich dann ganz von allein ein.
Ganz allgemein hat man in der kalten Jahreszeit ein erhöhtes Schlafbedürfnis. Überdies fällt das Aufwachen schwerer – dies hängt hauptsächlich damit zusammen, daß die morgendlichen Weckreize (Hellwerden, Vogelgezwitscher, Straßenlärm usw.) abgeschwächt sind. Dem erhöhten Schlafbedürfnis

sollte man nach Möglichkeit Rechnung tragen – mit anderen Worten: früher ins Bett gehen!
Und noch etwas: Langes Fernsehen führt häufig zu Einschlafschwierigkeiten, vor allem, wenn man sich eine aufregende Sendung angeschaut hat. In diesem Fall ist es vernünftig, vor dem Zubettgehen noch einen kleinen Spaziergang an der frischen Luft zu machen.

Schwindel ist besonders häufig auf Kreislaufstörungen infolge eines zu niedrigen Blutdrucks zurückzuführen, aber auch Durchblutungsstörungen oder Veränderungen an der Halswirbelsäule können die Ursache sein. Hilfreich bei allen Formen von Schwindelzuständen sind physikalische Maßnahmen, wie sie Pfarrer Kneipp empfohlen hat: Trockenbürstenmassagen der Haut (immer in Richtung zum Herzen!), Wechselfußbäder oder Teilgüsse. Ein Armguß etwa wird so ausgeführt: Man beugt sich über die Badewanne und führt die Dusche von außen am rechten Arm hoch und an der Innenseite herunter; links ebenso verfahren. Diesen Vorgang kann man zwei- bis dreimal wiederholen. Nicht abtrocknen, sondern das Wasser nur abstreifen! Man zieht sich an und erwärmt sich durch gymnastische Übungen.

Tennisarm oder **Tennisellenbogen** nennt der Arzt ein sehr schmerzhaftes Beschwerdebild, über das aber auch viele Leute klagen, die noch niemals einen Tennisschläger in die Hand genommen haben: Sekretärinnen und Schlachter ebenso wie Friseure und Zahnärzte. Eines haben jedoch alle diese Patienten gemeinsam: Durch Überlastung infolge von einseitigen Hand- oder Armbewegungen ist es zu einer Reizung des Sehnenansatzes an der Außenseite des Ellenbogengelenkes gekommen; nicht selten hat sich sogar an dieser Stelle eine Knochenhautentzündung entwickelt.

Die dumme Geschichte – deshalb »dumm«, weil man natürlich schon vor der Überanstrengung gemerkt hat, daß man besser mal eine Zwangspause einlegen sollte – kann dermaßen weh tun, daß sich der Betroffene nicht mal mehr alleine den Mantel anziehen oder die Haare vernünftig kämmen kann. Dennoch lehnt man die übliche Kortisonspritze ans Ellenbogengelenk, auf die viele Orthopäden schwören, in der Naturheilkunde ab. Denn zum einen können unerwünschte Nebenwirkungen diese Therapie begleiten, und zum anderen hilft sie keineswegs immer.

Ein Allheilmittel gibt es allerdings auch unter den natürlichen Anwendungen nicht, aber probieren geht in diesem Fall über studieren. Schonung des betroffenen Gelenkes ist die erste einleuchtende Maßnahme. Mit einer Spezialbinde (Epicondylitis-Bandage), wie man sie im Sanitätshaus bekommt, kann man die gereizte Sehne und Muskulatur zusätzlich entlasten. Hilfreich ist sogar schon ein Taschentuch, das man sich fest unterhalb des Ellenbogens um den Arm bindet, natürlich darf das Blut nicht gestaut werden. Eisabreibungen helfen, wenn sich das Gelenk entzündet hat, es ist dann rot und heiß und brennt wie Feuer. Man nimmt einfach einen Eiswürfel aus dem

Gefrierfach des Kühlschranks und kühlt das Gelenk möglichst oft am Tag für einige Minuten. Das Eis darf aber nicht so lange die Haut berühren, daß es zu Kälteschäden kommt.
Wärmende Maßnahmen beruhigen dagegen das gereizte, nicht entzündete Gelenk; sie regen den Stoffwechsel an und lassen die peinigenden Nervenschmerzen abklingen.
Die homöopathischen Tropfen »Spiraea-ulmaria-Urtinktur« werden aus einer weitverbreiteten Heilpflanze mit dem schönen Namen »Wiesenkönigin« hergestellt. Man läßt dreimal täglich zehn Tropfen davon auf der Zunge zergehen – oft verschwinden die Schmerzen so schnell, wie sie gekommen sind.
Yoga-Übungen helfen, wenn die Armschmerzen von der Halswirbelsäule herunterstrahlen. Legen Sie sich auf den Rücken und versuchen Sie, die Beine so weit wie möglich über den Kopf zu heben (wenn es geht, bis die Zehenspitzen Bodenkontakt bekommen!). Oder: Knien Sie sich auf den Boden und beugen Sie den Oberkörper nach hinten, bis Sie mit den Händen die Fersen ergreifen können; verharren Sie in dieser Position zwei bis drei Minuten.
Ein Kupferarmband ist unter gequälten Tennisspielern ein letzter Geheimtip, um endlich wieder beschwerdefrei zu werden. Man trägt es am Handgelenk, und zwar rund um die Uhr, also auch im Schlaf. Hokuspokus? Es gibt wissenschaftliche Studien darüber, daß Arbeiter in Kupferminen so gut wie nie unter Rheuma leiden (und der Tennisarm ist eine rheumatische Erkrankung!). Überdies: Winzige Kupferpartikel lösen sich vom Armreif und werden über

die Hautporen in den Blutkreislauf geschleust – und man weiß, daß der Mineralstoff Kupfer die Körperabwehr stärkt und somit auch Heilungsprozesse in Gang setzen kann.

Thrombose nennt man eine oft lebensgefährliche Erkrankung, bei der ein geronnener Blutpfropfen – der sogenannte Thrombus – in einer Ader steckenbleibt und so einen Gefäßverschluß (Herzinfarkt, Schlaganfall, Beinvenenthrombose) hervorruft. Bei einem Verdacht auf Thrombose (plötzliche Brustschmerzen, Sehstörungen, Anschwellen der Beine) muß man immer in ärztliche Behandlung, meist sogar ins Krankenhaus. Ziel der natürlichen Therapiemaßnahmen ist es, die Thrombose zu verhindern. Mit anderen Worten: Man muß das Blut gesund erhalten, damit es nicht verklumpt. Dazu eignen sich sämtliche Wasseranwendungen nach Kneipp und vor allem eine vernünftige Ernährung mit viel Rohkost. Überdies müssen Risikofaktoren wie Rauchen und Übergewicht ausgeschaltet werden.

Übererregbarkeit ist auf eine Fehlsteuerung des unbewußten Nervensystems (Vegetativum) zurückzuführen – und fast immer sind seelischer und körperlicher Streß die Ursache. Da 90 Prozent der vegetativen Nerven in der Haut enden, lassen sich Zustände der Übererregbarkeit - Atemstörungen, Herzklopfen, Magen-Darm-Beschwerden, Sodbrennen, Gallenblasenkrämpfe – sehr günstig durch physikalische Maßnahmen wie Trockenbürstenmassagen der Haut, Wasseranwendungen nach Pfarrer Kneipp, Licht- und Luftbäder und entspannende Bäder beeinflussen. Auch ein Tee aus der Baldrianwurzel kann helfen.

Übergewicht und damit verbundene Folgeerkrankungen verschlingen in der Bundesrepublik jährlich rund 40 Milliarden Mark. Allein durch vernünftige Ernährung ließen sich nicht nur sehr oft die Gesundheit erhalten und wiederherstellen, sondern auch enorme Kosten einsparen (viele Patienten könnten beispielsweise auf Medikamente verzichten).
Wissenschaftler neigen zwar heute zu der Ansicht, daß Übergewicht den Dicken schon in die Wiege gelegt wird, und ein bisher unbekannter Erbfaktor als Stoffwechselbremse wirkt, doch der Körperspeck ist fast immer die Folge einer zu hohen Kalorienaufnahme im Vergleich zum Energieverbrauch.
Trennkost sei all denjenigen empfohlen, die nach Abmagerungskuren immer wieder rückfällig werden. Bei dieser Diätform werden nur zwei Mahlzeiten gegessen, und zwar morgens und abends. Da der Körper morgens die meiste Energie verbraucht, soll das Frühstück reich an Eiweiß sein und bis zum Nachmittag sättigen. Mit einer Tasse Kaffee, einem Apfel oder einem Joghurt um 14 Uhr wird die Zeit bis zum Abendessen (frühestens um 16 Uhr, spätestens um 19 Uhr) überbrückt. Diese zweite Mahlzeit ist dann weitgehend eiweißfrei, dafür reich an Kohlenhydraten. Dazu darf auch durchaus ein Glas Wein oder ein

Glas Bier getrunken werden. Die Trennkost läßt sich unbedenklich über einen langen Zeitraum einhalten, wenn man sich ausreichend mit vitamin- und mineralstoffhaltigen Salaten versorgt.

Fettsüchtige, die mehr als 30 Prozent über ihrem Normalgewicht auf die Waage bringen, sollten dagegen zunächst einmal rasch die gefährlichsten Pfunde loswerden. Dafür eignet sich besonders gut eine sogenannte Nibbling-Diät: Man verteilt die Energiemenge von rund 1000 Kalorien täglich auf mindestens fünf kleine Portionen pro Tag (im Tierversuch hat man festgestellt, daß Nager, die ihre Futterrationen langsam vor sich hin »nibbeln« im Gegensatz zu einer Kontrollgruppe, die alles auf einmal frißt, kein Fett ansetzen).

Das Überwärmungsbad zehrt zusätzlich an den Pfunden. Beginnen Sie mit körperwarmem Wasser, lassen Sie dann so langsam heißes Wasser zulaufen, daß die Temperatur pro Minute um ein Grad ansteigt – bis auf 39 bis 40 Grad! Wenn Ihnen der Schweiß aus allen Poren bricht, liegen Sie genau richtig. Aber bitte nicht länger als 30 Minuten – dann unbedingt nachruhen.

Homöopathische Tropfen aus dem Blasentang sind nützlich, um den Stoffwechsel kräftig anzukurbeln. Man läßt dreimal täglich 20 bis 30 Tropfen »Fucus-vesiculosus-Urtinktur« auf der Zunge zergehen.

Mit der chinesischen Akupressur läßt sich jede Schlankheitskur sinnvoll unterstützen. Diese einfache Druckpunktmassage ist leicht auszuführen, man muß nur den geheimnisvollen Punkt »yü-pe« kennen, denn dieser ist fürs Abnehmen zuständig. Seine Stimulation soll gleichzeitig das Appetitzentrum im Ge-

hirn dämpfen und den Stoffwechsel anregen. Der gesuchte Punkt liegt genau in der Mitte zwischen Ellbogenspitze und Schultergelenk an der äußeren Seite des Oberarmes. Man massiert »yü-pe« mit der Zeigefingerkuppe, zunächst am rechten, dann am linken Oberarm, wenn man Hunger verspürt, für zwei bis drei Minuten.
Appetitbremsen sind immer dann nützlich, wenn der Magen so laut knurrt, daß man am liebsten wieder aufgeben möchte. Die besten Tricks:

- Trinken Sie unmittelbar vor jeder Mahlzeit ein Glas Wasser langsam in kleinen Schlucken.
- Auch ungezuckerte Obst- und Gemüsesäfte sowie Mineralwasser sind probate Appetitbremsen (süße Getränke heizen den Appetit an!).
- Scheinbar unstillbares Hungergefühl läßt sich durch sorgfältiges Kauen von kalorienarmen Häppchen wie Radieschen, Gurkenscheiben oder frische Paprikastreifen überlisten. Auch Karotten, Gewürzgurken, rohes Sauerkraut, eine Scheibe Knäckebrot, ungesüßte Vollkornkekse, eine Tomate, ein kleiner Apfel oder Kaugummi ohne Zucker vertreiben das Hungergefühl.

Unfruchtbarkeit ist häufig auf eine zu schwache Tätigkeit der weiblichen Eierstöcke und eine damit verbundene Mißbildung der Gebärmutter zurückzuführen. Die Natur kann hier helfen – vielfach besser als Hormonspritzen oder operative Eingriffe. Moorsitzbäder, die sterilen Frauen verordnet werden, führen beispielsweise zu einer solch außerordentlich guten Durchblutung der Unterleibsorgane, wie sie sich sonst kaum erreichen läßt. Durch die Wärmebehandlung (Moor wird bei Badetemperaturen von 41 bis 45 Grad noch gut vertragen!) dehnt sich die Gebärmutter kräftig aus und gewinnt ihre ursprüngliche Größe zurück; nach mehreren Moorkuren normalisiert sich meist auch die Tätigkeit der Eierstöcke.

Vegetative Beschwerden sind so weit verbreitet, daß sie in der ärztlichen Allgemeinpraxis wohl den breitesten Raum aller Behandlungsmaßnahmen einnehmen. Man schätzt, daß bis zu 70 Prozent der Patienten, die über gesundheitliche Störungen klagen, organisch gesund sind. Sie leiden aber unter einer Fehlsteuerung des unbewußten (vegetativen) Nervensystems. Die vegetative Dystonie hat tausend Gesichter. Sie kann ebensogut die Ursache von langwierigen Kopfschmerzen wie beängstigenden Herzrhythmusstörungen, plötzlichen Schweißausbrüchen, Schwindelanfällen, Magenbeschwerden, Atemnot oder kalten Füßen sein. Durch natürliche Heilreize wie Wasseranwendungen, Licht, Luft und Bewegung lassen sich Fehlspannungen der unbewußten Nerven wieder in Einklang bringen. Zur Behandlung eignen sich Trockenbürsten der Haut, Massagen, Akupunktur und ähnliche Reizverfahren. Insbesondere helfen auch ein ausgeglichener Schlaf-Wach-Rhythmus und der Verzicht auf Genußmittel wie Alkohol und Zigaretten. Als nützlich haben sich auch die Vitamine der B-Gruppe erwiesen. In Getreideerzeugnissen, Bierhefe, Leber, Eigelb und Gemüse sind sie reichlich enthalten.

Verstauchungen kann man auch als Laie einwandfrei diagnostizieren. Ein ungeschickter Tritt, ein Stolpern oder ein Sturz sind die häufigsten Ursachen dafür. Was ist passiert? Durch die mechanische Überbeanspruchung kam es zu einer gewaltsamen Dehnung der Gelenkkapsel. Dabei zerreißen nicht selten auch kleine Blutgefäße, so daß es zu einem Bluterguß kommt – das Gelenk wird dick und läuft blau an. Der Erguß läßt sich stoppen, wenn man sofort mit kalten Anwendungen beginnt: Man läßt kaltes Wasser über das gestauchte Gelenk laufen, macht feucht-kalte Umschläge, kühlt mit einem Eisspray oder Eiswürfeln aus dem Gefrierfach. Auch ein kühler Quarkumschlag sorgt für rasche Schmerzlinderung. Eine elastische Binde gibt dem Gelenk in den ersten Tagen nach dem Vorfall einen besseren Halt.

Verstopfung ist ein zwar gebräuchliches, aber nicht ganz korrektes Wort für Darmträgheit. Bei einer richtigen Verstopfung würde es nämlich zum lebensgefährlichen Darmverschluß kommen, der oft nur operativ zu beheben ist. Der träge Darm läßt sich dagegen ausgezeichnet selbst therapieren – und wer ein wenig Geduld hat, kann diese gesundheitliche Störung fast immer nach einiger Zeit loswerden. Die Ursachen der Darmträgheit – medizinisch: Obstipation – sind vor allem eine sitzende Tätigkeit und

damit verbundener Bewegungsmangel. Hastiges Essen, unregelmäßige Mahlzeiten und ballastarme Ernährung begünstigen das Leiden. Die harmlosesten Folgen einer andauernden Verstopfung sind Konzentrationsmangel, Arbeitsunlust, Müdigkeit, Appetitmangel und lästiger Magendruck.
Gymnastik wie Rumpfbeugen und Bauchpressen helfen, den Darm im wahrsten Sinne des Wortes wieder in Bewegung zu setzen. Denn diese Übungen regen die sogenannte Peristaltik an. Dabei handelt es sich um Eigenbewegungen des Darms, wodurch der Darminhalt selbsttätig bis zum Darmausgang vorwärts befördert wird.
Ballaststoffe lösen den gleichen Effekt aus. Hier handelt es sich um Nahrungsmittelbestandteile wie Fasern, Zellulose, Schalen, die zum Beispiel in Gemüse, vor allem in Rohkost, Vollkornbrot und Obst reichlich vorhanden sind. Ballaststoffe sind zwar unverdaulich, aber sie füllen den Darm und reizen die Darmwände – und erst daraufhin wird der Entleerungsreflex ausgelöst.
Kleiepräparate gehören zu den absoluten Rennern unter den Ballaststoffen. Kleie quillt durch Flüssigkeitsaufnahme im Darm bis auf das Zehnfache – man muß also unbedingt viel dazu trinken, um nicht einen Darmverschluß zu riskieren (etwa eine Tasse Flüssigkeit pro Eßlöffel Speisekleie!).
Leinsamen wirkt durch seinen hohen Gehalt an Schleimstoffen krampflösend, macht den Darminhalt gleitfähig und gibt dem Darm seine natürliche Funktionsfähigkeit zurück. Drei Eßlöffel Leinsamen über den Tag verteilt, helfen zuverlässig (Leute mit Über-

gewicht müssen dabei berücksichtigen, daß der Leinsamen durch seinen Gehalt an fettigem Öl sehr kalorienhaltig ist: Drei Eßlöffel entsprechen etwa 250 Kalorien!). Am besten rührt man den Leinsamen, geschrotet oder ungeschrotet, in einen halben Becher Joghurt ein.
Rohes Sauerkraut wird mit Recht seit alters her in der natürlichen Behandlung der Darmträgheit hoch eingeschätzt. Es enthält zum einen sehr reichlich Ballaststoffe, zum anderen aber Milchsäure, die für ein gesundes Darmmilieu sorgt und Giftstoffe eliminiert. Überdies ist Sauerkraut ein phantastischer Vitamin-C-Spender.
Kombucha-Tee hat eine ganz ähnliche Wirkung. Das Gärgetränk regeneriert die gesamte Bakterienflora, sorgt vor allem mit jedem Schluck dafür, daß sich die »Gesundheitsmikroben« im Verdauungstrakt wohl fühlen und ein Ungleichgewicht mit krankmachenden Keimen gar nicht erst zulassen.
Milchzucker erfüllt – in konzentrierter Form – den gleichen Zweck. Zwei Teelöffel Milchzucker täglich schaffen im Darm eine Umgebung, in der sich die vitaminbildenden, stoffwechselaktiven Milchsäurebakterien wohl fühlen, gut vermehren und krankmachende Keime zurückdrängen.
Veredelte Nahrungsmittel wie Zucker, Weißmehlprodukte, geschälter Reis, aber auch mageres Fleisch, Rotwein und Schwarzer Tee, Bananen, Äpfel, Schokolade und Quark wirken stopfend. Wer zu Darmträgheit neigt, läßt besser die Finger davon.
Pünktlichkeit ist eine Zier, heißt es im Volksmund, und das gilt besonders im Hinblick auf die Verstop-

fung. Denn der Darm läßt sich regelrecht darauf trainieren, daß er sich zur bestimmten Zeit meldet. Diesen Reflex darf man keinesfalls – etwa aus Zeitnot – unterdrücken. Denn damit handelt man sich am leichtesten eine Verstopfung ein.
Zehn Millionen Deutsche schlucken oft oder gar ständig eines von 200 verschiedenen Abführmitteln, die zum großen Teil rezeptfrei in der Apotheke erhältlich sind. Alle haben einen großen Nachteil: Sie schwemmen lebenswichtige Mineralstoffe und Spurenelemente aus dem Körper. Nach einiger Zeit entsteht so ein Mineralstoffmangel, der unter anderem zu Kreislaufstörungen, Herzjagen, Kopfschmerzen und anderen Beschwerden führen kann. Kurz, das ganze vegetative (unbewußte) Nervensystem gerät durcheinander. Medikamente zum Abführen sollten deshalb wirklich nur gelegentlich, etwa bei einer lästigen Reiseobstipation, oder nur nach Absprache mit dem Arzt eingenommen werden.

Wadenkrämpfe sind eine sehr lästige und schmerzhafte Angelegenheit; besonders Sportler, die mit dem Schweiß viel Mineralstoffe aus dem Körper ausscheiden, leiden häufig darunter. Eben diese Mineralien benötigt der Organismus, um die körperelektrischen Vorgänge in der Muskulatur reibungslos steuern zu können. Meist genügt es, ein bis zwei Wochen lang reichlich Rohkost zu essen, um einen Mineralstoffmangel auszugleichen. Erste Maßnahme bei Wadenkrämpfen: Hinsetzen, Fußspitze in beide Hände nehmen und bei gestrecktem Bein zu sich heranziehen. Oft hilft es auch schon, wenn man mehrmals fest mit dem betroffenen Bein auf den Boden auftritt.

Wechseljahre dauern aus rein medizinischer Sicht etwa zwölf Jahre lang – sie beginnen sechs Jahre vor der letzten Regelblutung und enden sechs Jahre danach. Der Beschwerdekomplex im Alter zwischen 40 und 50 Jahren ist so vielschichtig, lästig und manchmal beängstigend, daß sich manche Frauen mit Recht davor fürchten: Hitzewallungen, die zu unangenehmem Erröten führen, Kopfschmerzen, Schwindel und Herzklopfen, Schweißausbrüche mit Beklemmungsgefühlen, vorzeitiges Ermüden, Konzentrationsschwäche, Blutdruckanstieg, Schlaflosigkeit, Muskel- und Gelenkschmerzen, Reizbarkeit, Verstimmungszustände bis hin zu Depressionen. All dies kann, muß aber nicht sein. An zwei von zehn Frauen gehen die Wechseljahre, medizinisch: Klimakterium, spurlos vorüber.
Ursache all dieser Unpäßlichkeiten ist das Nachlassen der körpereigenen Produktion weiblicher Geschlechtshormone. Bei jungen Frauen steuert die Hirnanhangdrüse meist pünktlich die Ausschüttung der Östrogene und des Gelbkörperhormons Progesteron in den Eierstöcken. Mit dem Einsetzen der Wechseljahre ermüden die Eierstöcke und reagieren immer weniger auf Signale der Hirnanhangdrüse. Die Folge davon sind Unregelmäßigkeiten in der bis dahin monatlichen Eireifung und damit in der Menstruation. Die Abstände zwischen den einzelnen Pe-

rioden werden nun immer größer, bis dann eines Tages die Regel ganz ausbleibt. Biologisch spricht man von der »Menopause«.

Nach der Statistik befinden sich gegenwärtig rund zehn Millionen Frauen in der Bundesrepublik in den Wechseljahren. Tatsächlich haben sie es weitgehend selbst in der Hand, sich vor damit verbundenen Beschwerden zu schützen.

Berufsleben und gesellschaftliche Aktivitäten lenken ganz eindeutig von den unangenehmen klimakterischen Begleiterscheinungen ab. Wer »mit beiden Beinen im Leben steht«, wie es der Volksmund so schön ausdrückt, wird am besten mit den vorübergehenden gesundheitlichen Störungen fertig.

Morgengymnastik, Luftbäder, Spaziergänge in frischer Luft, Massagen und Entspannungsübungen tragen zum allgemeinen Wohlbefinden bei und helfen dadurch, leichter über Unpäßlichkeiten hinwegzukommen.

Das Gespräch mit dem Partner hilft fast immer, wenn sich Frauen plötzlich nicht mehr anziehend finden oder glauben, mit sexuellen Aktivitäten sei es jetzt vorbei. Denn Männer altern natürlich ebenfalls und kommen entsprechend in die Wechseljahre (medizinisch spricht man vom »Klimakterium virile«), wenn das Beschwerdebild auch nicht so ausgeprägt ist wie bei Frauen. Längst ist auch gesichert: Körperliche Liebe ist bis ins hohe Alter möglich und macht mit der richtigen Einstellung auch die gleiche Freude wie in jungen Jahren.

Ausgeglichenheit und innere Ruhe wappnen gegen alltägliche Streßsituationen, vor denen sich niemand

schützen kann, am besten. Entspannungsübungen wie Yoga oder autogenes Training, aber auch – wenn möglich – ein kurzer Mittagsschlaf, festigen das Seelenleben.
Homöopathische Tropfen aus der Traubensilberkerze (»Cimicifuga D-3«) sind ein typisches Frauenmittel, speziell für die klimakterischen Kümmernisse – die Inhaltsstoffe dieses alten indianischen Heilmittels haben hormonartigen Charakter. Sie regen zum einen die weiblichen Hormondrüsen an, und wirken zum anderen aufhellend auf den Gemütszustand.
Biochemische Hausmittel, dabei handelt es sich um homöopathisch dosierte Mineralstoffmischungen, helfen ebenfalls ohne jegliche Nebenwirkungen. Man nimmt dreimal täglich vor den Mahlzeiten je eine Ferrum-phosphoricum-Tablette und nach den Mahlzeiten je eine Magnesium-phosphoricum-Tablette, die man auf der Zunge zergehen läßt.
Östrogenhaltigen Medikamenten steht man in der Naturheilkunde skeptisch gegenüber. Sie ersetzen praktisch jene Hormone, die vom Organismus selbst nicht mehr produziert werden. Durch ihre Einnahme bleiben Wechseljahrserscheinungen aus, der natürliche Alterungsprozeß wird also sozusagen vertuscht. Wenn Frauen unter sehr starken Beschwerden leiden, ist es aber durchaus vernünftig, den Gynäkologen um solche Hormonpräparate zu bitten.

Wetterfühligkeit ist eine erbliche Veranlagung, die durch meteorologische Vorgänge wie Frontenwechsel bei manchen Menschen schlummernde Beschwerden verstärkt. Durch Alterserscheinungen, chronische Krankheiten oder eine niedrige Reizschwelle des vegetativen Nervensystems wird der Organismus ansprechbar und reagiert mit Störungen. Tatsächlich fallen drei Viertel der Erkrankungen und Todesfälle zeitlich mit einem Wetterwechsel zusammen. Wer empfindlich ist, kann sich durch natürliche Maßnahmen abhärten. Trockenbürstenmassagen der Haut, Wasseranwendungen nach Kneipp, Spaziergänge bei gutem wie schlechtem Wetter machen den Körper gegen meteorologische Veränderungen immun.

Zahnfleischbluten sollte immer an eine beginnende Parodontose denken lassen, die unbedingt vom Zahnarzt behandelt werden muß (siehe Seite 134). Wenn Hausmittel also nichts fruchten, darf man den Zahnarztbesuch nicht hinauszögern. In der Pflanzenheilkunde wird seit Jahrhunderten der Salbei gegen Zahnfleischbluten eingesetzt. Die Inhaltsstoffe dieses Heilkrautes wirken entzündungshemmend und antibakteriell. Mit lauwarmem Salbei-Tee lassen sich regelmäßig Mundspülungen vornehmen. Zahnfleischbluten kann auch durch einen Vitamin-C-Mangel ausgelöst werden. Deshalb ist es vernünftig, besonders während der kalten Jahreszeit, viel Zitrusfrüchte, frische Paprikaschoten und Kiwis zu essen; diese enthalten besonders viel Vitamin C.

Zellulitis, der Fachausdruck scheint zunächst auf eine Entzündung hinzudeuten, denn alles, was im

Medizinerlatein mit der Silbe »-itis« endet, wie etwa Bronchitis oder Gastritis, bezeichnet einen entzündlichen Vorgang. Bei der Zellulitis ist das nicht so, und das hat seinen Grund: Das Wort wurde von der kosmetischen Industrie geprägt und soll Frauen vorspiegeln, daß sie an einer Hautkrankheit leiden, die sie gar nicht haben. Denn obwohl bei jeder dritten Frau das Zellulitis-Phänomen festzustellen ist, handelt es sich nicht um einen krankhaften Prozeß: Kneift man die Haut am Oberschenkel zusammen, wird sie schrumpelig wie eine Orangenschale. Bei Männern läßt sich das so gut wie nie ausmachen.

Hautärzte führen diese Erscheinung, auch als »Orangenhaut« oder »Matratzenphänomen« bezeichnet, auf die durch das männliche Geschlechtshormon Androgen bedingte unterschiedliche Beschaffenheit der männlichen und weiblichen Hautzellen zurück. Weibliche Geschlechtshormone können dementsprechend die Entstehung der Zellulitis begünstigen. Deshalb müssen sich Frauen und Mädchen, die dazu veranlagt sind, besonders vor einer Antibabypille mit zu hohem Gestagen-Gehalt hüten.

Übergewicht spielt bei der Entstehung der Orangenhaut jedoch die wichtigste Rolle. Abnehmen ist also das A und O jeder Therapie.

Die Ernährung sollte eiweißbetont, fett- und kohlenhydratarm sein, vor allem aber ausreichende Mengen an Vitaminen und Mineralstoffen enthalten. Nützlich sind insbesondere die »Hautvitamine« A (reichlich in roten Gemüsen wie Möhren und Tomaten) und D (beispielsweise in Milch, Kalbfleisch und Leber).

Auf Salz sollte man weitgehend verzichten, denn Salz bindet Wasser ans Gewebe, so daß die Haut noch schwammiger wird.
Selbstmassagen mit einem sogenannten Luffa-Handschuh oder einer Massagebürste mit Naturborsten straffen das Bindegewebe und regen auch den Lymphstrom an. Die Lymphe ist eine weiß-gelbliche Flüssigkeit, über die Schlacken und Körpergifte abtransportiert werden. Insofern sind Massagen hilfreich, um den Hautstoffwechsel anzuregen und einem Fortschreiten der Zellulitis vorzubeugen. Man massiert die Haut immer in Richtung zum Herzen hin, in diesem Fall also von den Füßen an aufwärts bis in die Hüften.
Der Schenkelguß nach Pfarrer Kneipp ist eine bewährte Maßnahme gegen die Schrumpelhaut. Das Schema des Schenkelgusses ist leicht nachzuvollziehen: Der Wasserschlauch wird vom rechten Fußrücken über die rechte Wade und Rückfläche des Oberschenkels bis zur rechten Pobacke, anschließend an der Innenseite des Beines zurückgeführt. In gleicher Reihenfolge gießt man das linke Bein bis zur Pobacke, dann führt man den Wasserschlauch an der Innenseite des Beines zurück. Abschließend hält man den Wasserschlauch noch auf die Fußsohlen.
Bewegungsmangel führt am ehesten zu Fettansatz, der die Zellulitis begünstigt. Bei Morgen- und Abendgymnastik sollen vor allem solche Übungen eingebaut werden, bei denen man ordentlich die Beine bewegt.
Seilspringen ist die beste Medizin, wenn man es regelmäßig betreibt. Übrigens gibt es kaum eine Tän-

zerin oder eine Leichtathletin mit Orangenhaut. Wo Muskeln sind, haben Fettzellen eben keinen Platz. Zellulitis abwehrende Sportarten sind Tanzen, Wandern und Schwimmen.
Die biochemischen Mittel Calcium fluoratum und Silicea gehören in die Erfahrungsheilkunde. Sie sollen das Bindegewebe straffen. Wer also medikamentös etwas tun will, sollte diese Tabletten abwechselnd lutschen – die eine jeweils vor und die andere nach den Mahlzeiten.

Zuckerkrankheit (Diabetes mellitus) ist sehr häufig eine Frage der Selbstdisziplin – denn die meisten erwachsenen Diabetiker kämen ohne Medikamente aus, würden sie sich zum einen an die verordnete Diät halten (dabei werden in der Hauptsache stärkehaltige Nahrungsmittel nach genauem Schema eingeteilt, damit die Leber weniger Traubenzucker produziert). Zum anderen müßten sie Übergewicht abbauen – bezeichnenderweise haben 90 Prozent der Diabetiker zuviel auf den Rippen! Wer rechtzeitig, etwa im Alter von 40 Jahren, mit Gewichtsreduktion und sportlicher Betätigung vorbeugt, braucht keine Angst vor Alterszucker zu haben. Vor allem entgeht er den gefürchteten Spätschäden wie Herzkreislauf-Erkrankungen, oder Absterben der Füße infolge von Gefäßschäden und Erblindung. (Siehe auch Seite 146)

Literaturhinweise

Anemueller, Dr. med. Helmut: Gesund leben – aber wie?, Paracelsus Verlag, Stuttgart 1978

Autorenkollektiv: Die besseren Pillen, Mosaik-Verlag, München 1985

Autorenkollektiv: Selbstdiagnose, Mosaik-Verlag, München 1986

Autorenkollektiv: Kursbuch Gesundheit, Kiepenheuer & Witsch, Köln 1990

Behr, Dr. med. Valentin: Atemgymnastik als Heilfaktor, Bruno Wilkens Verlag, Hannover 1947

Beyersdorff, Dietrich: Biologische Wege zur Krebsabwehr, Verlag für Medizin Dr. Ewald Fischer, Heidelberg 1984

Bilz F.E.: Das neue Naturheilverfahren, Verlag von F. E. Bilz, Leipzig 1922

Brauchle, Prof. Alfred: Das große Buch der Naturheilkunde, Mosaik-Verlag, Gütersloh 1974

Brauchle, Prof. Alfred: Naturheilkunde des Praktischen Arztes, Band I, Hippokrates-Verlag, Stuttgart 1953

Buchholz, Willi: Praxis der französischen Ohrakupunktur, D. Münks Verlag für Medizin, Krefeld 1979

Bünte, H., Gladtke, E., Kaufmann, W., Krück, F.,Tölle, R.: Therapie-Handbuch, Urban und Schwarzenberg Verlag, München 1987

contacta med für Naturheilkunde, Sommer Verlag, Teningen, 1984/85

Gelb, Dr. Harold und Siegel, Paula M.: Schmerzbekämpfung ohne Medikamente, Econ Verlag, Düsseldorf und Wien 1982

Gross/Schölmerich: Lehrbuch der inneren Medizin, F.K. Schattauer-Verlag, Stuttgart 1973

Heuter, Monika: 100 mal rasch kuriert, Ariston Verlag, Genf 1988

Hill, Ann (Herausgeber): Illustriertes Handbuch alternativer Heilweisen, Hermann Bauer Verlag, Freiburg 1980

Jungmann, Horst: Naturgemäße Heilmethoden, Steinkopff Verlag, Darmstadt 1985

Karl, Josef: Phyto-Therapie, Verlag Tibor Marczell, München 1974

Katsusuke Serizawa, M. D.: Tsubo, Gesundheitspunkte fernöstlicher Therapie, WBV Biologisch-Medizinische Verlagsgesellschaft, Schorndorf 1979

König, Dr. med. Georgi Wancura, Dr. med. Ingrid: Einführung in die chinesische Ohrakupunktur, Karl F. Haug Verlag, Heidelberg 1985

Mann, Ulf: Für mich nur das Beste, Verlagsgesellschaft Gesundheit, Berlin 1984

MSD Sharp & Dohme GmbH: MSD-Manual der Diagnostik und Therapie, Urban & Schwarzenberg Verlag, München 1984.

Murphy, Monika: Venenleiden, Germa Press, Hamburg 1985
Pflugbeil, Dr. med. Karl: Vital Plus, F. A. Herbig Verlag, München 1990
Pflugbeil, Dr. med Karl J.: Bio Topping, BLV Verlag, München 1991
Pschyrembel, Willibald: Klinisches Wörterbuch, Walter de Gruyter Verlag, Berlin 1990
Schicke, Harald: Naturheilkunde-Lexikon, Sommer Verlag, Teningen 1985
Schimmel, Klaus-Christof: Lehrbuch der Naturheilverfahren, Bände 1 und 2, Hippokrates Verlag, Stuttgart 1986
Schneider, Sylvia: Wechseljahre, die andere Fruchtbarkeit, Mosaik-Verlag, München 1987
Schneidrzik, Dr. med. W. E. J.: Die richtige Arznei, Lübbe Verlag, Bergisch Gladbach 1985
Schnorrenberger, Claus C.: Stechen und Brennen, die speziellen Techniken der chinesischen Akupunktur, Hippokrates Verlag, Stuttgart 1976
Stiftung Warentest: Die andere Medizin, Stiftung Warentest, Berlin 1991
Sommer, Jörg: Präparate-Liste der Naturheilkunde, Sommer Verlag, Teningen 1989
Therapie-Handbuch, Urban & Schwarzenberg Verlag, München 1987
Vickery, Fries: Zum Arzt – oder nicht? Econ Verlag, Düsseldorf 1981
Vogel, Dr. Alfred: Der kleine Doktor, Verlag A. Vogel, Teufen (Schweiz) 1978
Wallnöfer, Dr. Heinrich: Besser als tausend Pillen, Rowohlt Verlag, Hamburg 1967

Weiss, Dr. Rudolf Fritz: Lehrbuch der Phytotherapie, Hippokrates-Verlag, Stuttgart 1980
Wichtl, Max: Teedrogen, Wissenschaftliche Verlagsgesellschaft, Stuttgart 1989
Zepernick, Langhammer, Lüdcke: Lexikon der offiziellen Arzneipflanzen, Walter de Gruyter Verlag, Berlin 1984

Vom Verfasser

–: Magnete, die den Schmerz besiegen, Goldmann Verlag, München 1982
–: Das Wochenende für die Gesundheit, Frech Verlag, Stuttgart 1983
–: Vitamine und Mineralstoffe. Die Bausteine für Ihre Gesundheit, Ariston Verlag, Genf 1985
–: Dr. Schüßlers Hausapotheke, Delphin Verlag, München 1985
–: Gesund ohne Pillen, Econ Verlag, Düsseldorf 1985
–: Doktor Natur, das Lexikon der sanften Medizin, Ariston Verlag, Genf 1986
–: Medizin, die nichts kostet. Ein Kneipp-Buch für Menschen von heute, Ariston Verlag, Genf 1987
–: Homöopressur, Heyne Verlag, München 1988
–: Alles über Naturmedizin, Droemersche Verlagsanstalt, München 1988
–: Die besten Hausmittel, Ehrenwirth Verlag, München 1989
–: Heilpflanzen mit Steckbrief, Droemersche Verlagsanstalt, München 1990

–: Die sanfte Medizin der Außenseiter, Droemersche Verlagsanstalt, München 1991
–: Homöopathie für Kinder, Heyne Verlag, München 1991

Register

ALTERNATIV HEILEN

(76012)

(76016)

(76002)

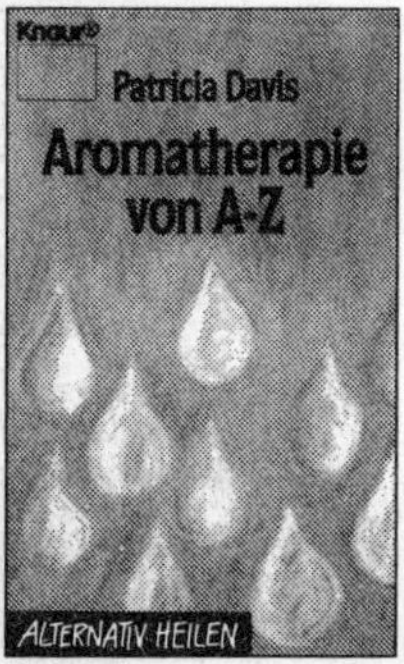

(76015)

(76023)

(76021)

Knaur®

Manfred Köhnlechner

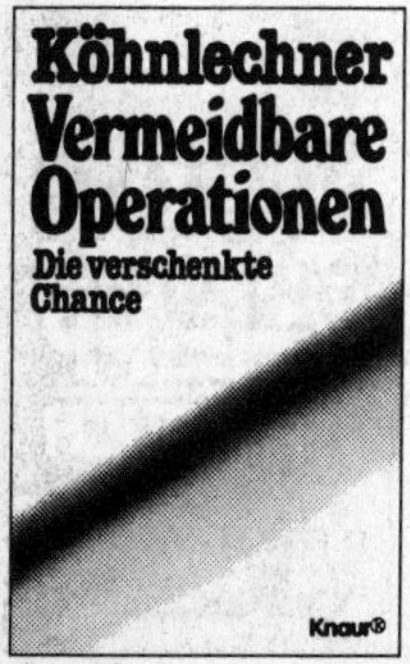

(3475)

(4309)

(4324)

Knaur

Gesund bleiben

(7927)

(7914)

(7920)

(7783)

(7875)

(7846)